決定版 朝つめるだけ!

たんぱく質のお弁当378

阪下千恵

監修●藤田聡
立命館大学スポーツ健康科学部教授

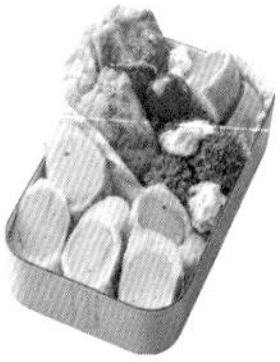

鮭

たら

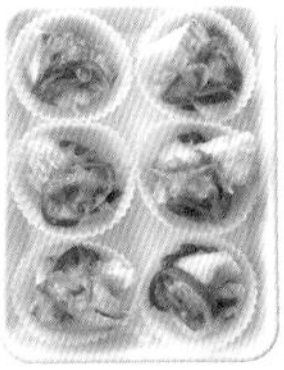

かじき

ぶり

さば

かつお

まぐろ

その他の魚介

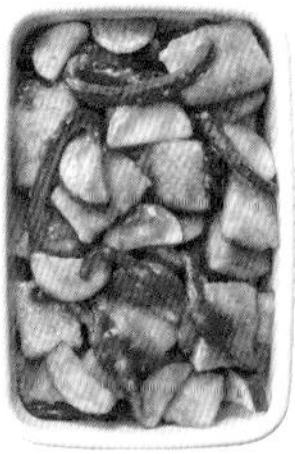

Part3 ご飯・麺・パン

ご飯

麺

パン・パンの具

Part4 卵・大豆製品のおかず

卵

大豆加工品

Part5 野菜・いも・きのこ.etcのおかず

ブロッコリー

ピーマン・ししとう

小松菜・ほうれん草

豆苗・春菊

水菜・きゅうり

ズッキーニ・ゴーヤ

スナップえんどう・さやいんげん

キャベツ・グリーンアスパラガス

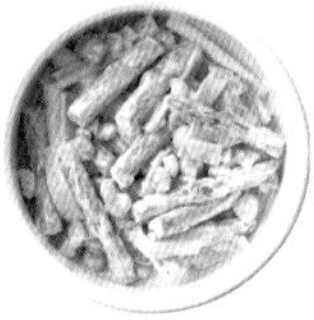

にんじん

ミニトマト

パプリカ・なす

かぼちゃ・さつまいも

もやし・豆もやし

カリフラワー

かぶ・大根

れんこん・白菜

玉ねぎ・ごぼう・じゃがいも・長いも

きのこ

その他

Column

巻末付録

健康できれいな体をつくる！

たんぱく質はここがスゴイ！

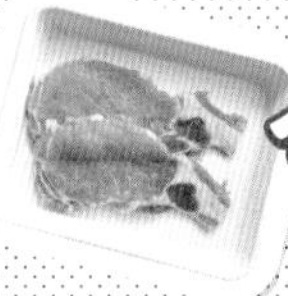

今、たんぱく質が注目されるワケ

1 代謝がアップし、健康な体をキープ

炭水化物、脂質と並び、たんぱく質は生命維持に欠かせない栄養素。肉や魚、卵など動物性食品に多く含まれていますが、注目したいのは筋肉の材料になる点。筋肉がつくと基礎代謝が増えて消費エネルギーがアップ。免疫機能も鍛えられ、強い体が手に入ります。

2 美容やダイエットの力強い味方に

たんぱく質はたくさんとっても脂肪に変換されにくいのが大きなメリット。食欲を抑えるホルモンの分泌にもかかわっているため、食事の満足感を高める効果もあります。また、肌のハリやツヤに欠かせないコラーゲンの生成にも、たんぱく質は欠かせません。

3 リバウンドしにくい体をつくる

食事制限のダイエットは、食べすぎを防ぐという点では正しいのですが、たんぱく質まで減らすと筋肉量が落ちて基礎代謝が下がってしまいます。過食しないように注意しつつ、たんぱく質を十分にとることを意識すると、リバウンドしにくい引き締まった体がキープできます。

4 メンタルケアにも欠かせない栄養素

たんぱく質は、体づくりだけでなく、心の健康にも関係します。幸せホルモンといわれるセロトニンの材料になるトリプトファン、意欲を高めるドーパミンの材料になるフェニルアラニン、睡眠改善効果のあるセリンなど、神経系に働く物質も含まれています。

筋肉や内臓をつくり、ホルモンや酵素の材料にもなるたんぱく質は
健康な体をつくるために欠かせない栄養素。
その働きと必要量を知って、毎日のお弁当に上手に取り入れましょう。

自分に合ったたんぱく質量をチェック

体重＋活動レベルから算出。とりだめできないので3食に分けてとりましょう。

●身体活動レベルが「高い」 移動や立ち仕事が多い人や、運動量が多い人。

体重　　kg × 1.62 ＝ 1日に必要なたんぱく質　　g

●身体活動レベルが「ふつう」 デスクワーク中心や、家事、通勤などの日常動作が主な人。

体重　　kg × 0.95 ＝ 1日に必要なたんぱく質　　g

●成長期の子ども

男児 体重　　kg × 1.3 ＝ 1日に必要なたんぱく質　　g

女児 体重　　kg × 1.2 ＝ 1日に必要なたんぱく質　　g

●パワフルシニア おもに65歳以上で、元気で健康な人。

体重　　kg × 1.0 ＝ 1日に必要なたんぱく質　　g

1食のたんぱく質量は20g以上を目安に

1食で摂取する量が20g未満だと十分に筋肉をつくることができません。利用されずに余ったものは体外に排出されてしまうため、毎食20g以上を目安に効率よくとりましょう。

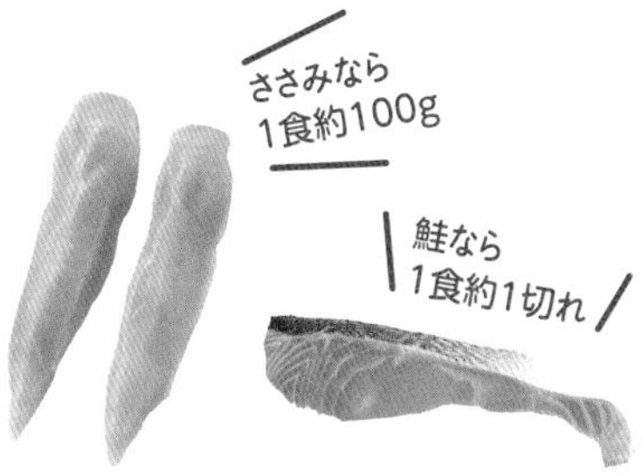

お弁当でたんぱく質を上手にとるコツ

●目的別におかずを選ぶ

美容・ダイエットなら植物性たんぱく質を多めに

大豆、豆食材は低カロリーで、筋肉の合成を促すロイシンなど必須アミノ酸をバランスよく含みます。たんぱく質量は動物性より少ないので、ほかのおかずと組み合わせて上手に摂取して。

筋肉アップや子どもは糖質もしっかりとって

糖質が不足すると体はたんぱく質を使いますが、それが筋肉の分解を促進してしまうことに。エネルギー源となる糖質が不足しないよう、たんぱく質強化の主食メニューも取り入れましょう。

シニアなら高たんぱくで消化吸収のよいものを

食べる量が少なめのシニアは、消化が早く、脂の少ない食材に注目。鶏むね肉、たら、豆腐、豆などを使い、さっぱりした味つけにすれば、食欲が落ちたときも食べやすくなります。

●ちょい足し食材を上手に使う

ちょっとたんぱく質が足りないかな？　というときに役立つのが、ゆで卵やチーズ、ふりかけといったプラスワン食材。お弁当に添えていっしょに食べれば、簡単にたんぱく質量を増やすことができます。

●糖質・脂質もバランスよく

３大栄養素は相互に働いて強い体をつくります。いずれも過不足なく必要なので、たんぱく質に偏りすぎず、細胞の材料になる脂質、すぐにエネルギーになる糖質の摂取も心がけ、栄養素をまんべんなくとりましょう。

この本のお弁当では
1食20g以上のたんぱく質がとれます

メインおかずだけでなく、主食やサブおかずでもたんぱく質はとれます。作りおきを上手に活用しながら、必要なたんぱく質量をとれるように工夫しましょう。

たとえばP.36の
定番ハンバーグ弁当では

定番ハンバーグ
たんぱく質 16.4g

ミニトマトとじゃこの
和風マリネ
たんぱく質 1.3g

おからの
ポテトサラダ風
たんぱく質 2.8g

ご飯
たんぱく質 3.8g

計24.5gのたんぱく質がとれます

※ふりかけ分0.2gを含む

おかずの量を調節して目標のたんぱく質量をキープ！

一般的なお弁当ではメイン、サブを分けて考えますが、この本ではどちらにも使えるおかずを多く紹介しています。肉と魚おかずが両方入ってもいいし、量を変えることでメインにもサブにもできるのが便利！
また、目安のたんぱく質量に合わせて、つめる量もフレキシブルに調整しましょう。

量を変えれば
メインにもサブにもなる

サブおかずなら2切れ

メインおかずなら3切れ

P.98 鮭の粉チーズパン粉焼き

たとえば、魚おかずをメインにするときは3切れにし、ご飯弁当や肉弁当のサブにするときは2切れにするなど、自由にチョイス！

＼ 目安のたんぱく質量を見ながら組み合わせを考えよう！ ／

朝ラク！ 簡単！

作りおきおかずのメリット

肉も野菜もたっぷり

彩りに重宝します

安いときのまとめ買いで作れる

お弁当のおかずは少量なので、その都度作るよりもまとめて作ったほうがラク。食材が安く手に入るとき、時間があるときに作ると効率的で、家計にもやさしい。

食材を無駄なく使いきれる

この本で紹介するおかずは、材料が少なくシンプル。簡単に作れて数日以内に使いきれる量なので、使い残す心配もなし（多すぎる場合は半量にして作って）。冷蔵庫もスッキリ！

朝はつめるだけ！

朝はレンジなどで温め直すだけ。朝食を準備する間にお弁当が作れるので、朝時間が有効に使えます。温め直し方はP.13とそれぞれのおかずの説明を参考にして。

余ったり、味に飽きたら アレンジしても

「まとめて作ると、いつも同じ味で飽きそう」。そんな悩みは、簡単アレンジで解決！ 味つけを変えたり、具材を足せば別のおかずとして楽しめます。

アレンジも簡単！

作りおきで注意したいこと

作りおきおかずをある程度の日数もたせるために、「新鮮な食材を使う」「調理器具などは清潔なものを使う」「保存容器はしっかり消毒する」など、衛生的な面には気を配って。食中毒は夏場だけではないということを頭に入れておきましょう。

毎日のお弁当作りをラクにしてくれるのが作りおき。
たんぱく質量の多いおかずを何種類かストックしておけば、
栄養たっぷりのお弁当ががんばらずに作れます。

おかずの保存とつめるときの扱い方

保存はおかずに合わせて冷蔵または冷凍します。野菜類のおかずは、冷凍すると多少食感が変わるので、気になる人は冷蔵保存がおすすめ。冷蔵、冷凍とも表示の保存日数は目安なので、早めに食べきりましょう。

冷蔵保存

コンテナ保存は使う分だけ温めて

1回分を耐熱皿に取り出し、おかずに合わせて電子レンジやオーブントースターで加熱します。

1回分ずつ小分けにしても

粗熱が取れたら、保存袋に入れてあらかじめ4等分などに分けておいても。取り分けの手間が省けます。

冷凍保存

急速冷凍でおいしさキープ

金属トレイにのせると短時間で冷凍でき、味が落ちません。霜がつかないようにさめてから冷凍室に。

小分け冷凍がおすすめ

1回分ずつラップに包み、小分け冷凍。使いやすく、スペースもとりません。ご飯ものは熱いうちに包んで。

つめるとき

おかずに合わせて温め・解凍を

おかずのタイプにより扱い方は変わってきます。温める場合は中までしっかり加熱して、さましてからつめましょう。

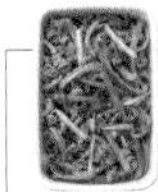

レンジで温める

使う分だけ耐熱容器に移し、ふんわりとラップをかけて電子レンジで中までしっかり温めて(冷凍は解凍→温め)。さまして汁けをきってからつめます。

レンジ+トースターで温める

揚げものは電子レンジで中まで温めてから(冷凍は解凍してから)、オーブントースターで少し焼いて衣をカリッとさせます(焦げそうなときは上にホイルをかぶせて)。

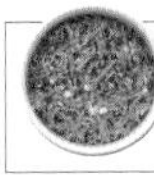

そのままつめる

サラダやマリネなどは、つめるときに汁けをペーパータオルでしっかりとります。

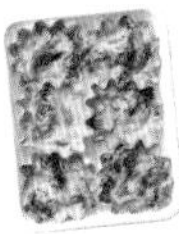

アルミホイルに入れたおかずについて

アルミホイルは電子レンジで加熱できません。冷蔵の場合はオーブントースターで、冷凍の場合は冷蔵室において解凍してから、オーブントースターで温めます。

＼流れをつかめば簡単！／

お弁当のつめ方ポイント

定番ハンバーグ弁当をつめてみましょう

※お弁当はP.36で紹介しています。

定番ハンバーグ

おからのポテトサラダ風

ミニトマトとじゃこの和風マリネ

1

ご飯をさます

温かいご飯をつめてそのままさまします。つめ方はお好みで。斜めにつめると量が多く見えます。

2

サラダ菜を敷く

味移りを防ぐ仕切りと彩りを兼ねて、メインおかずのスペースにサラダ菜を小さく敷きます。

3

メインおかずをつめる

サラダ菜の上にハンバーグをつめます。大きい場合は、つめやすい形に切って。

4

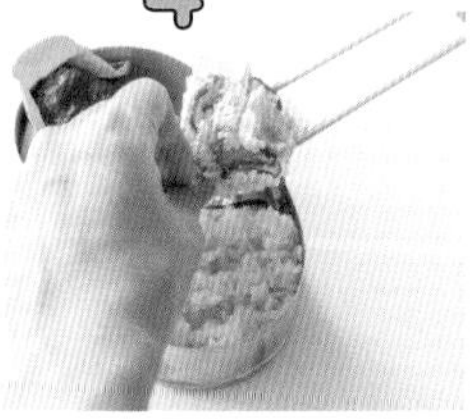

サブおかずをつめる

仕切りカップにおからのポテトサラダ風を入れ、空いているスペースにつめます。

5

サブおかずをもう１種

残ったスペースに仕切りカップを入れ、汁けをきった和風マリネをつめます。

6

ふりかけをふる

好みでご飯にふりかけなどをかけると、彩りがよくなり、見た目にも引き締まります。

大きいものから順に入れ、味が移らないように仕切りを使いながらすき間なくつめます。
お弁当箱の大きさは食べる人に合わせ、おかずの量もお弁当箱に合わせて調整します。

つめるときに注意したいこと

汁けがあるときはしっかりきって

汁けの多いおかずはペーパータオルにのせ、軽く水分をきってからつめます。また、冷凍から解凍したときにも汁けが出やすいので、同様にします。これだけで味移りやいたみ防止になるので、忘れずに！

中までしっかり温める

中まで加熱し、よくさましてつめます。冷蔵保存のあえものなど、加熱しないおかずは、よく水けをきること。冬場でも保冷剤をつけましょう。

夏場のお弁当の注意点

いたみやすいおかずや葉ものは避ける

水分が多いと腐敗しやすくなるので、レタス、ベビーリーフ、水菜といった加熱しない葉野菜は避けて。また、味つきご飯や煮もの、サラダなどのいたみやすいおかずも同様です。

保冷剤を活用する

お弁当箱の上に保冷剤をのせて包むと、冷却効果がアップ。暑い時期は保冷剤を多めにする、保冷バッグに入れるなど、温度が上がらないような工夫を。また、冬場でも暖房のきいた室内に置く場合は保冷剤をつけましょう。

この本の使い方

1

2

粉をまぶしてから炒めるとしっとり仕上がります

ささみのコチュジャン炒め

淡泊なささみは、濃厚な味をからめるとおいしい！

冷蔵2~3日　冷凍2週間　レンジで温める　3

材料（4～6回分）

鶏ささみ……8本
長ねぎ（みじん切り）……⅓本分
薄力粉……適量
A
コチュジャン……大さじ1
酒……大さじ1と½
しょうゆ・みりん……各大さじ½
ごま油……大さじ½

作り方

1 ささみは筋を除き、1本を3～4等分のそぎ切りにして薄力粉をまぶす。
2 フライパンにごま油を中火で熱し、1を並べる。ふたをして弱火にし、3分ほど焼く。上下を返して長ねぎを加え、軽く炒める。ふたをして3～4分焼く。
3 余分な油を拭いてAを加え、中火にして煮からめる。

アイコンについて

たんぱく質
23.0g
150kcal
糖質4.5g
1/4量分

❶ 栄養量

お弁当につめる1回分ごとのたんぱく質量、エネルギー、糖質量を表示。目安とする使用量も入れています。おかずによっては、個数分などで表記している場合もあります。

高
たんぱく

低
カロリー

❷ 高たんぱく・低カロリー

おもに主菜として使う肉、魚介のおかずと、ご飯、麺などの主食レシピのうち、1回分のたんぱく質量が20.0g以上のものに「高たんぱく」、エネルギーが150kcal以下のものに「低カロリー」のマークをつけています。筋力アップ、ダイエットなどの目的別に選ぶときの目安にしてください。

❸ 保存方法・温め

冷蔵2~3日　冷凍2週間　レンジで温める

冷蔵や冷凍で保存できる日数の目安を表示。冷凍に向いていないおかずは「冷凍NG」としています。また、つめるときの温めや解凍方法も。詳しくはP.13を参照してください。

この本の決まりごと

- **計量**……小さじ1＝5mℓ、大さじ1＝15mℓ、1カップ＝200mℓです。
- **電子レンジ**……600Wのものを使用。500Wの場合は加熱時間を1.2倍、700Wの場合は0.8倍にするなど、お手持ちの機器に合わせて調整してください。電子レンジでの解凍や温め直しは、耐熱容器やラップなどを使用して様子を見ながら行ってください。
- **野菜類の下処理**……特に記載がない場合、洗う、皮をむく、わたや種を除くなどの下処理は済ませたものとします。
- **栄養量**……栄養量は「日本食品標準成分表2022（八訂）」をもとに算出しています（一部メーカー調べあり）。
- **保存期間**……表示している日数は目安です。季節やご家庭の保存状況により異なりますので、ご注意ください。また、味の劣化や腐敗を防ぐために、表示の日数以内でも、なるべく早めに食べきることをおすすめします。
- **調理**……フライパンはフッ素樹脂加工のものを使用しています。その他のものを使うときは、油を使うなど適宜調整してください。また調理時間は目安です。かならず中まで加熱してください。

Part 1

肉のおかず

たんぱく質が豊富で作りおきしやすい肉おかずは、お弁当の主役。
食べやすい鶏肉、スタミナ補給の豚肉、ご飯によく合う牛肉、
成形しやすいひき肉など、特徴を生かして活用しましょう。

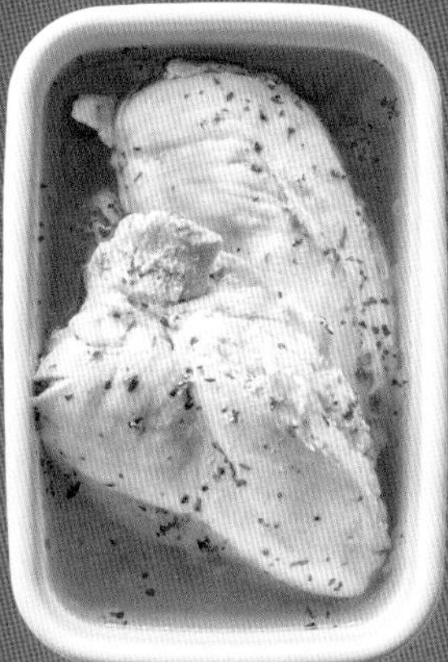

肉弁当
1

鶏むね肉のから揚げ弁当

定番のから揚げは、たんぱく質が多いむね肉がおすすめ。油揚げを使った2つの副菜と卵焼きで、
サブおかずもたんぱく源をたっぷり。栄養もボリュームも満点のごちそう弁当です。

その他：ラディッシュ 1/2 個、青じそ 1 枚、黒いりごま

さめてもカリカリ！ しょうがが効いてます

鶏むね肉のから揚げ

冷蔵2~3日 冷凍2週間 レンジ+トースターで温める

材料（5～6回分）

鶏むね肉		2枚（500g）
A	しょうゆ	大さじ3
A	酒	大さじ1
A	おろししょうが	大さじ½
A	片栗粉	大さじ1と½
片栗粉・揚げ油		各適量

作り方

1 下味をつける

鶏肉は皮を除いて5㎝四方に切り、**A**をもみ込む。軽く汁けをきり、片栗粉をまぶす。

2 油で揚げる

鍋に揚げ油を3㎝の深さに入れて170℃に熱し、1を入れる。途中上下を返しながら色づくまで7～8分揚げる。

おかずポイント

から揚げは下味をつけてから片栗粉をまぶし、竜田揚げ風に。カリッと香ばしく、さめても味が変わりません。鶏むね肉の代わりに鶏もも肉2枚にしても。

作りおきでアレンジ

簡単酢鶏風

1回分

たんぱく質 19.1g ／ 202kcal ／ 糖質9.4g

材料（1回分）

鶏むね肉のから揚げ		3個
玉ねぎ（薄切り）		⅒個分（20g）
ピーマン（薄切り）		½個分
A	酢・しょうゆ	各小さじ1
A	トマトケチャップ	小さじ1
A	砂糖	小さじ⅓
A	鶏ガラスープの素	少々
A	片栗粉	小さじ¼
A	水	大さじ½
ごま油		小さじ½

作り方

フライパンにごま油を熱し、玉ねぎ、ピーマンを炒める。火が通ったら、から揚げ、混ぜ合わせた**A**を加えて煮からめる。

たっぷりの野菜と甘酢だれでからめれば、中華風のおかずに。白いご飯がすすむ味になります。

肉弁当
2

サラダチキンのサンドイッチ弁当

むね肉で作ったヘルシーなサラダチキン。コンビニでも買えますが、手作りなら絶品！
高たんぱくでボリュームのある主食なので、運動量の多い人におすすめの組み合わせです。

たんぱく質
40.3g
708kcal
糖質 44.7g

ソーセージとパセリのスクランブルエッグ
→ P.142 1/4量

スナップえんどうのたらこチーズあえ → P.170
1/4量

サラダチキンのサンドイッチ
3切れ（P.21の作り方参照）

ハーブの香りで風味よく仕上げます

サラダチキン

冷蔵2〜3日　冷凍2週間　レンジで温める

たんぱく質 26.6g
125kcal
糖質 0.2g
1/4量分

高たんぱく
低カロリー

材料（4〜6回分）

鶏むね肉……2枚（500ｇ）
A
- 塩……小さじ1
- 顆粒コンソメ……小さじ2
- 白ワイン……大さじ1と½
- 水……1〜1と½カップ

ドライハーブ（好みのもの）……小さじ⅔

作り方

1 肉の下処理をする

鶏肉は皮を除き、厚い部分は包丁で開く。

2 蒸し煮にする

鍋に**1**、**A**を入れて中火にかけ、沸騰したらアクを除いて弱火にし、ハーブを加える。ふたをして、途中上下を返しながらごく弱火で12分ほど蒸し煮にする（竹串を刺して赤い汁が出てこなければOK）。そのまま鍋の中でさまし、汁ごと保存する。

※サンドイッチの作り方

サラダチキン1/3〜1/2枚、アボカド1/2個、きゅうり1/2本はそれぞれ薄切りにする。食パン（８枚切り）２枚にマヨネーズ、マスタード各適量を塗る。きゅうり、サラダチキン、アボカドの順にのせてはさみ、３等分に切る。

おかずポイント

煮汁ごとさますと、中まで味が入り、さめてもパサパサしません。冷凍するときは薄切りにして煮汁を少量つけて。

作りおきでアレンジ

ほうれん草とサラダチキンのおかかわさびあえ

小さく切ってあえものにもおすすめ。ほうれん草は、余分な塩分の排出を助けるカリウムが豊富です。

1回分
たんぱく質**24.3**g／125kcal／糖質0.5g

材料（1回分）

サラダチキン……80〜100ｇ
ほうれん草（ゆでて4㎝長さに切る）……70ｇ
A
- かつお節……1〜2ｇ
- しょうゆ……小さじ1
- 練りわさび……小さじ⅓〜¼

作り方

サラダチキンは８㎜厚さにスライスし、１㎝幅に切る。ボウルに入れ、ほうれん草、**A**を加えてあえる。

肉弁当
3

マーマレードチキン弁当

マーマレードのさわやかな甘みを生かした、チキンソテー弁当。サブおかずはケチャップ味で、味にメリハリをつけます。きのこのあえものは粉チーズでたんぱく質を強化。

その他：リーフレタス少々、ミニトマト１個

フルーティーな甘みがやさしい味わい

マーマレードチキン

冷蔵2~3日　冷凍2週間　レンジで温める

たんぱく質
19.3g
178kcal
糖質 4.0g
1/4量分

材料 (4～6回分)

鶏もも肉		2枚(500g)
薄力粉		適量
A	マーマレード(低糖タイプ)	大さじ3
	しょうゆ・酒	各大さじ2
	レモン汁	小さじ1
オリーブ油		大さじ½

作り方

1 肉の下処理をする

鶏肉は肉からはみ出した余分な脂と皮を取り(全部取ってもよい)、1枚を4～5㎝四方に切って薄力粉をまぶす。

2 フライパンで焼く

フライパンにオリーブ油を中火で熱し、1の皮目を下にして並べる。ふたをして弱火にし、3～4分焼いて皮に焼き目がついたら上下を返す。同様にして3～4分焼く。

3 調味して仕上げる

余分な油を拭いて**A**を加え、中火にして煮からめる。

おかずポイント

皮目からこんがり焼くとおいしい。ダイエット中の人や、脂質を控えめにしたい人は、皮をはずすとカロリーダウンに。

作りおきでアレンジ

マーマレードチキンのおにぎらず

1回分
たんぱく質20.8g／466kcal／糖質55.2g

材料 (1回分)

マーマレードチキン	2切れ
焼きのり	全形1枚
ご飯	茶碗1杯分(150g)
サラダ菜	1枚
マヨネーズ・塩	各適量

作り方

焼きのりの中心にご飯½量をのせ、サラダ菜、マヨネーズ、マーマレードチキンを順にのせる。残りのご飯をのせて塩をふり、のりの四隅を折りたたむようにしてしっかりと包み、半分に切る。

おかずとご飯が一体化したおにぎらずなら、時間がないときもさっと食べられて手軽です。

肉弁当

4

ささみのしそ巻き弁当

低カロリー、高たんぱくで、ダイエットにもイチオシの鶏ささみをしそ巻きでさわやかに。
サブおかずも、ハーブやシナモンを使って香り豊かに仕上げます。

たんぱく質
42.5g
511kcal
糖質 63.7g

かぼちゃとベーコンのシナモンソテー
→ P.180 1/6量

えびとアスパラのハーブソテー
→ P.113 1/6量

ささみのしそ巻き
1/4量

ご飯 150g

その他：しば漬け少々

レンジ調理であっという間！

ささみのしそ巻き

冷蔵2〜3日　冷凍2週間　レンジで温める

たんぱく質 23.7g
142kcal
糖質 6.1g
1/4量分

高たんぱく
低カロリー

材料（4〜6回分）

	鶏ささみ	8本
	青じそ	16枚
	薄力粉	適量
A	しょうゆ・みりん	各大さじ2
A	酒・水	各大さじ1
A	砂糖	小さじ1
A	片栗粉	小さじ2

作り方

1 しそ巻きを作る

ささみは筋を除いて開き、ラップにはさんでめん棒で軽くたたいて平らにする。1枚に青じそ2枚を並べて手前から巻き、巻き終わりに薄力粉をまぶす。残りも同様に作る。

2 電子レンジで加熱する

耐熱容器に**1**を並べ、混ぜ合わせた**A**をかける。ふんわりとラップをかけて電子レンジで4分ほど加熱する。取り出して上下を返し、さらに3分加熱し、全体をたれにからめる。

おかずポイント

たれに片栗粉を加えてとろみをつけると、肉巻きに調味料がよくからみます。さめてもしっとりやわらかな食感をキープ。

作りおきでアレンジ

しそ巻きささみ天

天ぷらにしてもおいしいしそ巻き。肉に味がついていますが、足りないときはめんつゆかしょうゆをかけて。

1回分
たんぱく質 **25.2**g ／ 325kcal ／ 糖質18.1g

材料（1回分）

	ささみのしそ巻き	2個
A	天ぷら粉	大さじ3
A	水	大さじ2と½〜3
	めんつゆまたはしょうゆ（好みで）	適量
	揚げ油	適量

作り方

1 ボウルに**A**を入れて混ぜ、ささみのしそ巻きをくぐらせて衣をつける。
2 鍋に揚げ油を170℃に熱し、**1**を落とし入れる。衣がカリッとするまで3分ほど揚げる。好みで食べるときにめんつゆまたはしょうゆをかける。

肉弁当
5

豚のしょうが焼き弁当

甘辛いしょうが焼きをご飯にのせた、がっつり食べごたえ満点のお弁当。にんじんやアスパラガスなど野菜もとれるサブおかずを組み合わせると、栄養バランスのいいお弁当になります。

たんぱく質
30.0g
594kcal
糖質 62.2g

にんじんとさつま揚げの煮もの → P.174
1/6 量

アスパラといり卵のおかかあえ → P.173
1/6 量

豚のしょうが焼き
1/4 量

ご飯 150g

その他：青じそ 1 枚、ミニトマト 3 個

粉をまぶして味をしっかりからめて

豚のしょうが焼き

冷蔵2～3日　冷凍2週間　レンジで温める

たんぱく質 20.2g
280kcal
糖質 6.6g
1/4量分

高たんぱく

材料（4～6回分）

豚ロースしょうが焼き用肉	400ｇ
薄力粉	適量
A しょうゆ	大さじ1と½
A 酒・みりん	各大さじ1と½
A 砂糖・おろししょうが	各小さじ1
サラダ油	小さじ1

作り方

1 肉の下処理をする

豚肉は筋に切り込みを入れ、薄力粉を薄くふる。

2 フライパンで焼く

フライパンにサラダ油を中火で熱し、1を広げて両面を2～3分ずつ焼く。余分な油を拭いて、Aを加えて煮からめる。

おかずポイント

しょうが焼き用の肉がない場合は、薄切り肉でもOK。肉を焼いたあとの油をよく拭き取るとたれがからみやすくなります。

作りおきでアレンジ

1回分

たんぱく質 29.6g ／ 402kcal ／ 糖質6.7g

豚肉ののりチーズ巻き

のりとチーズをのせてくるりと巻くだけ。チーズの力で、さらに高たんぱくおかずに変身！

材料（1回分）

豚のしょうが焼き	2枚
焼きのり（半分に切る）	全形1枚分
スライスチーズ	2枚

作り方

焼きのりにスライスチーズ、豚のしょうが焼きを等分にのせて巻く。それぞれ半分に切ってつま楊枝で留める。

肉弁当 6

豚肉とズッキーニのトマト煮弁当

パンを主食にするときは、おかずも洋風のもので組み合わせましょう。メインはたんぱく質量が多く脂質が少ない豚ヒレ肉。サブは植物性たんぱく質が豊富な大豆おかずでバランスをとって。

脂質の少ないヒレ肉でさっぱりした仕上がりに

豚肉とズッキーニのトマト煮

冷蔵2日　冷凍2週間　レンジで温める

高たんぱく

たんぱく質 23.8g
175kcal
糖質 7.6g
1/4量分

材料 (4〜6回分)

豚ヒレ肉……400g
ズッキーニ(1cm厚さの輪切り)……1本分
玉ねぎ(薄切り)……¼個分
塩・こしょう……各少々
薄力粉……適量
A 水煮トマト缶(ホールタイプ)……200g
A 酒……大さじ1
A 顆粒コンソメ……小さじ1
A 塩・こしょう……各少々
オリーブ油……大さじ½

作り方

1 肉に下味をつける

豚肉は1cm厚さに切り、塩、こしょう、薄力粉をまぶす。

2 具材を炒めてトマトを加える

フライパンにオリーブ油を中火で熱し、**1**、玉ねぎ、ズッキーニを入れる。上下を返しながら2〜3分炒め、**A**を加えてトマトをへらでつぶす。

3 煮込む

ふたをして、ときどき混ぜながら4〜5分煮る。ふたを取り、水分が少し減るまで軽く煮つめる。

おかずポイント

ヒレ肉は豚肉のなかでも低カロリー。作りおきしてもやわらかく、食べごたえもあります。ヒレ肉がないときは鶏肉で作っても。

作りおきでアレンジ

豚肉とズッキーニのトマトペンネ

煮込んだトマトソースはパスタにもぴったり。ペンネとあえてパスタ弁当にするのも新鮮。

1回分
たんぱく質 32.9g／394kcal／糖質41.0g

材料 (1回分)

豚とズッキーニのトマト煮……¼量
ペンネ……50g
A 粉チーズ……大さじ1
A オリーブ油……小さじ½

作り方

1 トマト煮の豚肉は1枚を3等分に細長く切る。ペンネは塩ゆで(分量外)してざるに上げる。

2 ボウルに**1**、**A**を入れてあえる。

肉弁当 7

牛丼弁当

さめても状態が変わらない牛丼の具は、お弁当にぴったり。丼仕立てにすれば、
ご飯がもりもりすすみます！ うずらの卵や、豆苗やハム、桜えびなどのサブおかずで彩りもプラスして。

さっと煮るだけで完成の簡単おかず

牛丼の具

冷蔵2~3日　冷凍2週間　レンジで温める

たんぱく質 18.3g
282kcal
糖質 6.9g
1/4量分

材料 (4〜6回分)

牛こま切れ肉	400g
玉ねぎ(薄切り)	⅔個分
しょうが(せん切り)	1かけ分
しょうゆ	大さじ3
みりん・酒	各大さじ2と½
砂糖	大さじ1と⅓
だし汁	½カップ

作り方

具材を煮る

鍋にすべての材料を入れて中火にかける。沸騰したら弱火にしてふたをし、ときどき混ぜながら15分ほど煮る。煮汁が多ければ、ふたを取って中火で軽く煮つめる。

おかずポイント

ひとつの鍋で具材を全部いっしょに煮るだけなので、とても簡単。玉ねぎの甘みも感じるやさしい味わいです。

作りおきでアレンジ

1回分

たんぱく質29.0g ／ 610kcal ／ 糖質60.7g

牛玉丼

牛丼の具を卵でとじてご飯にのせれば即完成。卵でたんぱく質量がグンとアップします。

材料 (1回分)

牛丼の具	¼量
牛丼の具の煮汁	大さじ1
卵	1個
ご飯	150g

作り方

小さめのフライパンに牛丼の具と煮汁を入れて中火にかけ、沸騰したら溶きほぐした卵を回し入れる。ふたをして弱火で2〜3分火を通し、ご飯にのせる。

肉弁当

8

チンジャオロースー弁当

人気の中華おかずをメインにし、サブおかずは豆もやしでさっぱりと。
キャンディーチーズだんごは、デザート感覚でおいしく食べられてたんぱく質もしっかりとれます。

いつでも食べたい定番の味

簡単チンジャオロースー

冷蔵2日　冷凍2週間　レンジで温める

たんぱく質
16.3g
242kcal
糖質 2.1g
1/4量分

材料（4〜6回分）

牛薄切り肉（1cm幅の細切り）……350g
赤パプリカ（5mm幅の細切り）……¼個分
ピーマン（5mm幅の細切り）……3個分
たけのこ水煮（細切り）……40g
塩・こしょう……各少々
A
- オイスターソース……大さじ2
- しょうゆ……小さじ½
- 酒・水……各大さじ1
- 鶏ガラスープの素……小さじ⅔
- おろしにんにく……小さじ⅓
- 片栗粉……小さじ1

ごま油……大さじ½

作り方

1 下味をつける

牛肉は塩、こしょうをふる。

2 具材を炒める

フライパンにごま油を中火で熱し、1をほぐすように炒める。たけのこを加えて炒め、肉に火が通ったらパプリカ、ピーマンを加えて2分ほど炒め合わせる。混ぜ合わせたAを加えて煮からめる。

おかずポイント

たけのこなどの野菜は同じ大きさの細切りでそろえるのがポイント。火の通り具合が均一になり、シャキシャキ感が残ります。

作りおきでアレンジ

中華風ロールサンド

中華おかずだけど、パンにはさんでもおいしい。スライスチーズが味をまとめます。

1回分
たんぱく質18.5g／364kcal／糖質28.6g

材料（1人分）

簡単チンジャオロースー……⅛量
ロールパン……2個
サラダ菜……2枚
スライスチーズ（半分に切る）……1枚分

作り方

ロールパンに切り込みを入れ、サラダ菜、スライスチーズ、チンジャオロースーを等分にはさむ。

肉弁当

9

ガパオ弁当

暑いときに食べたくなるタイ料理。人気のガパオはクセがなく、エスニックが苦手な人にも食べやすい味です。カリッと焼いた目玉焼きで見た目が華やかになり、たんぱく質量もアップ。

その他：目玉焼き１個

人気のエスニック風おかず。冷凍は小分けで

ガパオ風炒め

冷蔵2日 冷凍2週間 レンジで温める

たんぱく質 18.7g
204kcal
糖質 1.6g
1/4量分

材料（4〜6回分）

鶏ひき肉……400g
ピーマン（1〜1.5cm四方に切る）……2個分
赤パプリカ（1〜1.5cm四方に切る）……½個分
A［ナンプラー……大さじ2と½
オイスターソース……小さじ2
酒……大さじ1
おろししょうが……小さじ⅓
片栗粉……小さじ½］
バジル（葉を摘む）……2枝分
サラダ油……大さじ½

作り方

1 具材を炒める
フライパンにサラダ油を中火で熱し、ひき肉を2〜3分炒める。肉の色が変わってきたらピーマン、パプリカを加えて3〜4分炒める。

2 調味する
混ぜ合わせたAを加えて煮からめ、バジルの葉を加えてひと混ぜする。

おかずポイント

ガパオに欠かせないのが、フレッシュなバジルの葉。独特のさわやかな香りで食がすすみます。

作りおきでアレンジ

1回分
たんぱく質18.9g／248kcal／糖質11.3g

春雨サラダ

低カロリーの春雨とあえて、ヘルシーなサブおかずに。揚げものなど脂っこいおかずにも合います。

材料（1回分）

ガパオ風炒め……¼量
春雨……12g
A［しょうゆ・酢……各小さじ½

作り方

1 春雨は沸騰した湯で4分ゆでてもどし、冷水にとる。水けを絞って2〜3等分の長さに切る。
2 ボウルに1、ガパオ風炒め、Aを加えてあえる。

肉弁当
10

定番ハンバーグ弁当

ハンバーグは、ミートボールのように少し小さく成形するのがポイント。さめてもかたくなりにくく、つめるのも簡単です。サブおかずは、おからやトマトでヘルシーに。

ソースは片栗粉を加えるとからみやすくなります

定番ハンバーグ

冷蔵2~3日　冷凍2週間　レンジで温める

たんぱく質
20.5g
328kcal
糖質 12.3g
1/4量分

高たんぱく

材料（4～5回分）

	合いびき肉	400g
	玉ねぎ（みじん切り）	¼個分
A	パン粉	½カップ
A	卵	1個
A	牛乳	大さじ2
A	塩	小さじ⅓
A	こしょう	少々
B	トマトケチャップ	大さじ5
B	ウスターソース	大さじ1と½
B	水	大さじ3
B	砂糖・片栗粉	各小さじ½
	オリーブ油	小さじ1

作り方

1 肉だねを作る

ボウルにひき肉、玉ねぎ、**A**を入れて、パン粉の粒が見えなくなるまでこねる。8～10等分にしてだ円に成形する。

2 フライパンで焼く

フライパンにオリーブ油をひき、**1**を並べる。ふたをして中火にかけ、1～2分ほどしてフライパンが温まってきたら弱火にし、3～4分焼く。焼き目がついたら上下を返してふたをし、3～4分焼いて火を通す。

3 ソースをからめる

余分な油を拭いて、混ぜ合わせた**B**を加えて煮からめる。

おかずポイント

肉だねはパン粉の粒が見えなくなるまで練り混ぜるとふんわりした食感に。内側に薄力粉をふったピーマンにつめて焼いても。

作りおきでアレンジ

チーズハンバーグ

スライスチーズをハンバーグにのせるだけ。小さな工夫で手軽にたんぱく質も増量できます。

1回分
たんぱく質18.4g ／ 290kcal ／ 糖質9.8g

材料（1回分）

定番ハンバーグ	2個
スライスチーズ（半分に切る）	½枚分

作り方

ハンバーグの上にチーズを1切れずつのせる。

鶏むね肉

100gあたり、たんぱく質23g超え。安くて重宝します。

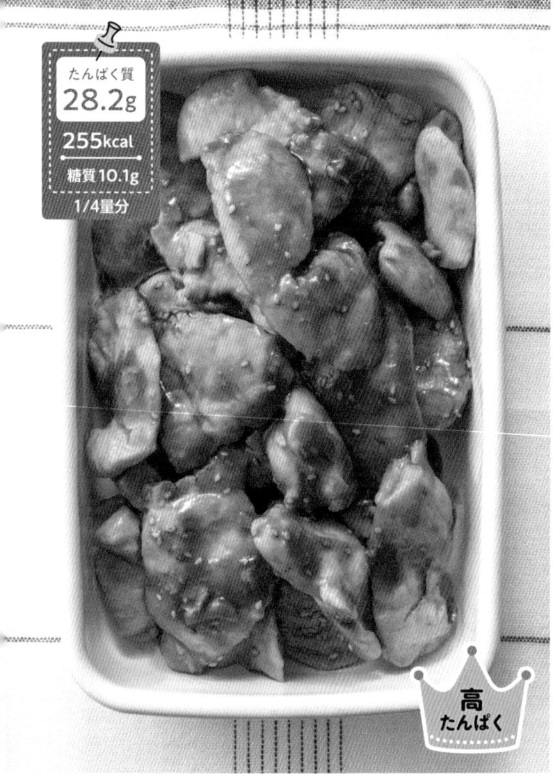

とろ〜りあんをからめてしっとり仕上げに

鶏の甘酢炒め

焼いたあとに余分な油を除くと調味料がからみやすくなります。

冷蔵2〜3日　冷凍2週間　レンジで温める

材料（4〜6回分）

- 鶏むね肉……2枚（500g）
- 薄力粉……適量
- A
  - しょうゆ・酒・砂糖・酢……各大さじ2
  - 水……小さじ2
  - 片栗粉……小さじ1
- 白いりごま……小さじ⅔
- ごま油……大さじ1

作り方

1 鶏肉は1.5cm厚さのそぎ切りにし、食べやすい大きさに切って薄力粉をまぶす。
2 フライパンにごま油を中火で熱し、1を並べる。ふたをして両面を3〜4分ずつ焼く。
3 余分な油を拭いて、混ぜ合わせたAを加えて煮からめる。白いりごまをふる。

チーズを加えてたんぱく質量アップ

チーズ風味焼きカツレツ

鶏肉はたたいて薄くすると火の通りが早くなります。

冷蔵2〜3日　冷凍2週間　レンジ+トースターで温める

材料（4〜6回分）

- 鶏むね肉……2枚（500g）
- 塩・こしょう……各少々
- 薄力粉……適量
- A
  - 溶き卵……2個分
  - 粉チーズ……大さじ2
- パン粉……適量
- ソース・レモン（好みで）…各適量
- オリーブ油……適量

作り方

1 鶏肉は皮を除き、1枚を2〜3等分の斜めそぎ切りにする。ラップにはさんでめん棒でたたき、1cmほどの厚さにする。
2 塩、こしょうをふり、薄力粉、混ぜ合わせたA、パン粉の順に衣をつける。
3 フライパンに多めのオリーブ油を熱し、途中上下を返しながら4〜6分揚げ焼きにして油をきる。つめるときに食べやすい大きさに切り、好みでソース、レモンを添える。

マスタードの香りと食感が◯

鶏肉のマスタード照り焼き

粉をまぶしてから焼けば、パサつきません！

冷蔵2~3日　冷凍2週間　レンジで温める

材料（4～6回分）

- 鶏むね肉……2枚（500g）
- 玉ねぎ（薄切り）……½個分
- 薄力粉……適量
- A［しょうゆ・酒・みりん……各大さじ1と½
- 粒マスタード……大さじ1
- オリーブ油……大さじ1

作り方

1 鶏肉は皮を除き、2cm厚さのそぎ切りにする。長さ半分に切り、薄力粉をまぶす。

2 フライパンにオリーブ油を中火で熱し、1を並べ、空いているところに玉ねぎを入れる。ふたをして3～4分焼き、上下を返してふたをして3分ほど焼く。

3 余分な油を拭いて、Aを加えて煮からめる。粒マスタードを加えてひと煮する。

さっぱりとした味わいの定番おかず

鶏肉のポン酢炒め

長ねぎの代わりにせん切りのにんじんでもおいしい！

冷蔵2日　冷凍2週間　レンジで温める

材料（4～6回分）

- 鶏むね肉……2枚（500g）
- 長ねぎ（斜め薄切り）……½本分
- 薄力粉……適量
- ポン酢しょうゆ……大さじ3
- サラダ油……大さじ1

作り方

1 鶏肉は皮を除き、2cm厚さのそぎ切りにする。長さ半分に切り、薄力粉をまぶす。

2 フライパンにサラダ油を中火で熱し、1を並べる。ふたをして3～4分焼き、上下を返して空いているところに長ねぎを加え、軽く炒める。ふたをして3分ほど焼く。

3 余分な油を拭いて、ポン酢しょうゆを加えて煮からめる。

きのこで食物繊維もプラス

鶏肉ときのこの塩麹炒め

塩麹なら時間がたっても肉がかたくなりにくい！

冷蔵2日　冷凍2週間　レンジで温める

材料（4〜6回分）

- 鶏むね肉……2枚（500g）
- しめじ（石づきを取り、ほぐす）……大1パック分（150g）
- 薄力粉……適量
- A
  - 塩麹・酒……各大さじ2
  - みりん……大さじ½
  - しょうゆ……小さじ1
  - おろししょうが……小さじ½
- サラダ油……大さじ1

作り方

1. 鶏肉は皮を除き、2㎝厚さのそぎ切りにし、長さ半分に切り、薄力粉をまぶす。
2. フライパンにサラダ油を中火で熱し、1を並べる。ふたをして3〜4分焼き、上下を返して空いているところにしめじを加え、軽く炒める。ふたをして3分ほど焼く。
3. 余分な油を拭いて、Aを加えて煮からめる。

青のりの風味が香る大人味

鶏肉の磯辺揚げ

生地はゆるいホットケーキ生地程度のかたさに調整して。

冷蔵2〜3日　冷凍2週間　レンジ+トースターで温める

材料（4〜6回分）

- 鶏むね肉……1枚（250g）
- A
  - 塩……少々
  - しょうゆ……大さじ½
- 薄力粉……適量
- B
  - 溶き卵……½個分
  - 冷水……100〜110mℓ
  - 薄力粉……¾カップ
  - 青のり粉……小さじ2
- めんつゆ（好みで）……適量
- 揚げ油……適量

※Bの衣は市販の天ぷら粉を表示どおりに溶いて青のりを加えたものでもOK。

作り方

1. 鶏肉は皮を除き、2㎝厚さのそぎ切りにする。食べやすい大きさに切ってAをもみ込み、薄力粉をまぶす。
2. ボウルにBを材料順に入れ、練らないように手早く混ぜる。
3. 鍋に揚げ油を170℃に熱し、2に1をくぐらせて落とし入れる。そのまま触らずに揚げ、衣が固まったら上下を返しながら3〜4分揚げる。食べるときに好みでめんつゆをかける。

パンにはさんでもおいしい

鶏肉とにんじんのごまあえ

全部レンチンで作れるので、火を使いたくないときにも。

冷蔵2日　冷凍2週間　レンジで温める

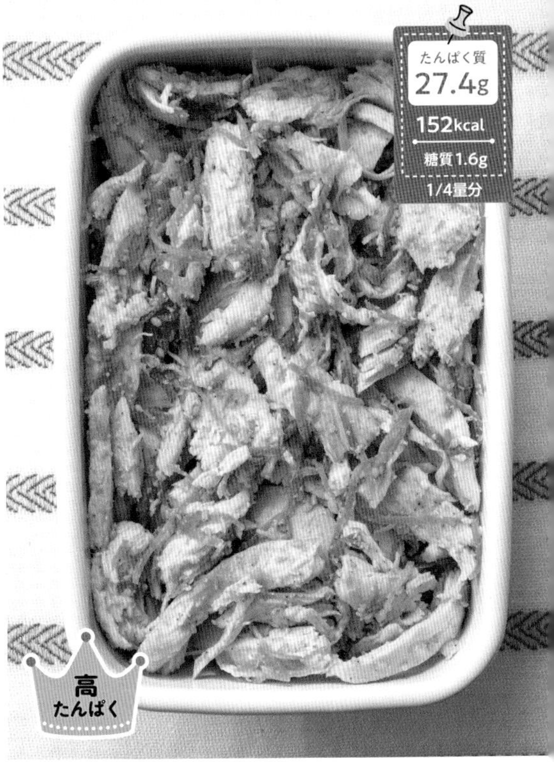

材料（4～6回分）

鶏むね肉……2枚(500g)
にんじん(せん切り)……½本分
塩・こしょう……各少々
酒……大さじ1と½
A
- 白すりごま……大さじ2
- しょうゆ……小さじ1
- 砂糖……小さじ½
- 塩……少々
- 和風顆粒だしの素……小さじ⅓

作り方

1 鶏肉は皮を除き、塩、こしょうをまぶして耐熱容器に並べ、酒をふる。ふんわりとラップをかけ、電子レンジで5分加熱する。取り出して上下を返し、同様にラップをかけて3分ほど加熱する。粗熱が取れたら汁けをきって粗くほぐす。

2 耐熱容器ににんじんを入れ、ふんわりとラップをかけて電子レンジで3分ほど加熱する。汁けをきり、1、Aを加えてあえる。

鶏もも肉で作ってもOK

鶏肉のタンドリーチキン風

スパイシーな味わいで、パンにもご飯にもよく合います。

冷蔵2~3日　冷凍2週間　レンジで温める

材料（4～6回分）

鶏むね肉……2枚(500g)
塩……小さじ⅓
A
- プレーンヨーグルト……大さじ4
- カレー粉・トマトケチャップ……各大さじ1
- しょうゆ……小さじ1
- おろしにんにく……小さじ¼
- はちみつ(あれば)……小さじ½

オリーブ油……大さじ1

作り方

1 鶏肉は皮を除き、厚い部分は包丁で開いて1枚を4～6等分に切る。両面に塩をまぶす。

2 フライパンにオリーブ油を中火で熱し、1を並べる。ふたをして4～5分焼き、上下を返してふたをし、3～4分焼く。

3 余分な油を拭いて、混ぜ合わせたAを加えて煮からめる。

鶏むね肉はそぎ切りにすると火が通りやすい！

鶏肉の梅マヨ焼き

油を使わずにトースターで焼くだけだからヘルシー。

冷蔵2～3日　冷凍2週間　レンジで温める

材料（4～6回分）

鶏むね肉	2枚（500g）
A 酒	大さじ1
A こしょう	少々
練り梅	小さじ2～3
マヨネーズ	適量
黒いりごま	適量

作り方

1 鶏肉は皮を除いてひと口大のそぎ切りにし、Aを順にふる。

2 オーブントースターの天板にくっつかないタイプのアルミホイルを敷き、1を並べる。練り梅をぬり、マヨネーズを絞る。焼き色がつくまで8～10分焼き、黒いりごまをふる。

ベーコンとチーズでコクが加わります

鶏肉のピザ風

パン弁当のおかずにおすすめです。

冷蔵2～3日　冷凍2週間　レンジで温める

材料（4～6回分）

鶏むね肉	2枚（500g）
溶けるチーズ	100g
ベーコン（5㎜幅に切る）	2枚分
ピーマン（輪切り）	1と½個分
塩・こしょう	各少々
トマトケチャップ	大さじ3

作り方

1 鶏肉は皮を除いて8㎜厚さのそぎ切りにし、塩、こしょうをふる。

2 オーブントースターの天板にくっつかないタイプのアルミホイルを敷き、1を並べる。トマトケチャップをぬり、溶けるチーズ、ベーコン、ピーマンの順にのせ、肉に火が通ってチーズが溶けるまで8～10分焼く。

アーモンドの食感と香りが楽しい

鶏肉のアーモンド炒め

アーモンドの代わりに蒸し大豆を刻んで入れても！

冷蔵2日　冷凍2週間　レンジで温める

材料（4〜6回分）

鶏むね肉……2枚（500g）
ズッキーニ（5mm厚さの半月切り）……1本分
アーモンドスライス……30g
塩・こしょう……各少々
A
- マヨネーズ……大さじ1と½
- しょうゆ……大さじ1弱
- おろしにんにく……小さじ½

オリーブ油……大さじ½

作り方

1 鶏肉は皮を除いてひと口大のそぎ切りにし、塩、こしょうをふる。
2 フライパンにオリーブ油を中火で熱し、1を入れて2〜3分焼き、ズッキーニを加えてさらに1〜2分炒める。鶏肉に焼き色がついてきたらふたをし、弱火にして4〜5分焼く。
3 アーモンドを加えて中火で2〜3分炒め、Aを加えて煮からめる。

のりとしょうゆの風味が香ばしい

鶏肉の磯辺巻き

ごま油で焼いてから、たれをからめます。

冷蔵2〜3日　冷凍2週間　レンジで温める

材料（4回分）

鶏むね肉……大1枚（350g）
塩・こしょう……各少々
焼きのり……2枚
A
- しょうゆ・だし汁……各大さじ1
- 砂糖……小さじ1

ごま油……大さじ½

作り方

1 鶏肉は皮を除き、厚さ1×2cm幅程度の棒状に切る。塩、こしょうをふり、焼きのりを細く切って巻きつける。
2 フライパンにごま油を中火で熱し、1の両面を1〜2分ずつ焼き、ふたをして弱火で4〜5分焼く。Aを加え、中火で煮からめる。

皮をはずすとカロリーを抑えられます。

チーズをのせてコクアップ！

鶏肉のチーズのせソテー

焼いた肉にチーズをのせるだけ。余熱でとろ〜り仕上げに。

冷蔵2~3日　冷凍2週間　レンジで温める

材料（4〜6回分）

- 鶏もも肉……2枚（500g）
- 塩・こしょう・薄力粉……各適量
- スライスチーズ……3枚
- 粗びき黒こしょう……適量
- オリーブ油……大さじ½

作り方

1 鶏肉は余分な皮と脂を取り（全部取ってもよい）、1枚を4〜5㎝四方に切る。塩、こしょうを強めにふり、薄力粉をまぶす。

2 フライパンにオリーブ油を中火で熱し、1を皮目を下にして並べる。ふたをして弱火にし、3〜4分焼く。皮に焼き目がついたら上下を返し、同様に3〜4分焼く。

3 余分な油を拭き、スライスチーズを肉のサイズに合わせて手でちぎりながらのせる。粗びき黒こしょうをふる。

スイートチリソースとレモンで風味よく

鶏肉のエスニック風ソテー

スイートチリソースは半量にすると甘さ控えめに。

冷蔵2~3日　冷凍2週間　レンジで温める

材料（4〜6回分）

- 鶏もも肉……2枚（500g）
- 薄力粉……適量
- A
  - ナンプラー……大さじ1と½
  - スイートチリソース……大さじ1
  - レモン汁……小さじ1
- オリーブ油……大さじ½

作り方

1 鶏肉は余分な皮と脂を取り（全部取ってもよい）、1枚を4〜5㎝四方に切って薄力粉をまぶす。

2 フライパンにオリーブ油を中火で熱し、1を皮目を下にして並べる。ふたをして弱火にし、3〜4分焼く。皮に焼き目がついたら上下を返し、同様に3〜4分焼く。

3 余分な油を拭いてAを加え、中火にして煮からめる。

バターとしょうゆの香りが食欲をそそります

鶏肉とさつまいものバターしょうゆ煮

先にバターで炒めてから、甘辛の煮汁で煮からめて。

冷蔵2~3日　冷凍NG　レンジで温める

材料 (4～6回分)

- 鶏もも肉……2枚(500g)
- 玉ねぎ(1cm幅のくし形に切る)……⅓個分
- さつまいも(皮ごと乱切り)……⅓本分(100g)
- 薄力粉……適量
- バター……5g
- A
  - しょうゆ……大さじ2
  - みりん・酒……各大さじ2
  - 砂糖……大さじ½
  - だし汁……¾～1カップ(材料がかぶるくらい)

作り方

1 鶏肉は余分な皮と脂を取り(全部取ってもよい)、1枚を4cm四方に切って薄力粉をまぶす。さつまいもは水にさっとさらし、水けをきる。

2 フライパンにバターを中火で溶かし、1の鶏肉を皮目を下にして並べる。空いたところにさつまいも、玉ねぎを加え、2～3分炒める。

3 Aを加え、煮立ったらふたをし、弱火にしてときどき上下を返して混ぜながら10～12分煮る。煮汁が多ければふたを取って軽く煮つめる。

塩焼き鳥風のさっぱりした味わい

鶏肉と長ねぎの塩焼き

塩、こしょうのシンプルな味つけで、肉のうまみを味わって。

冷蔵2日　冷凍2週間　レンジで温める

材料 (4～6回分)

- 鶏もも肉……2枚(500g)
- 長ねぎ(4cm長さのぶつ切り)……2本分
- 塩……適量
- こしょう……少々
- サラダ油……大さじ½

作り方

1 鶏肉は皮を取って1枚を3～4cm四方に切る。塩を強めにまぶし、こしょうをふる。

2 フライパンにサラダ油を中火で熱し、1を並べる。空いているところに長ねぎを入れてふたをし、弱火にして3～4分焼く。焼き目がついたら上下を返し、同様にして3～4分焼く。

3 余分な油を拭いて、塩少々で味をととのえる。

たんぱく質
19.3g
156kcal
糖質3.8g
1/4量分

にんにくとパセリの風味がたまりません

鶏肉のバターソテー

フレッシュなパセリをたっぷり！　彩りも香りもいいごちそうに。

冷蔵2~3日　冷凍2週間　レンジで温める

材料（4〜6回分）

	鶏もも肉	2枚（500g）
	塩・こしょう	各少々
	薄力粉	適量
A	酒	大さじ2
A	バター	5g
A	にんにく（みじん切り）	1片分
A	パセリ（みじん切り）	大さじ1
	オリーブ油	小さじ1

作り方

1 鶏肉は余分な皮と脂を除き、厚みがあるところは開いて4cm角に切る。塩、こしょう、薄力粉をまぶす。

2 フライパンにオリーブ油を中火で熱し、1を皮目から入れて焼き色がついたら、ふたをして弱火で4分焼く。上下を返して焼き色がつくまで、4〜5分焼く。

3 Aを順に加え、中火で煮からめる。

たんぱく質
10.3g
84kcal
糖質3.8g
1/4量分

低
カロリー

黒酢としょうがで代謝もアップ

鶏肉と大根の黒酢煮

しょうがをたっぷり効かせて。さます間に味がしみます。

冷蔵2~3日　冷凍NG　レンジで温める

材料（4〜6回分）

	鶏もも肉	1枚（250g）
	大根	⅓本
A	しょうが（せん切り）	1かけ分
A	だし汁	1と½カップ
A	黒酢	大さじ2
A	酒・しょうゆ	各大さじ1と½
A	砂糖	大さじ1

作り方

1 大根は1cm厚さの半月切りにし、竹串が通る程度まで水からゆでる。

2 鶏肉は余分な皮と脂を除き、ひと口大に切る。

3 鍋にA、1、2を入れて中火にかける。煮立ったら弱火にし、ふたをして15分ほど煮る。そのままさます。

カシューナッツのコクと食感でおいしさ倍増！

鶏肉のカシューナッツ炒め

オイスターソース、にんにく、しょうがでパンチのある味に。

冷蔵2日　冷凍2週間　レンジで温める

材料（4〜6回分）

鶏もも肉……2枚（500g）
ピーマン（1.5cm四方に切る）…2個分
カシューナッツ（無塩）……50g
塩・こしょう……各少々
A
- 水……¼カップ
- オイスターソース……大さじ1と⅓
- しょうゆ・片栗粉……各小さじ2
- 砂糖・おろしにんにく・おろししょうが…各小さじ1

ごま油……大さじ1

作り方

1 鶏肉は余分な皮と脂を除いて2cm角に切り、塩、こしょうをまぶす。
2 フライパンにごま油を中火で熱し、1を炒める。7割ほど火が通ったらピーマン、カシューナッツを加え、全体に火が通るまで炒める。
3 混ぜ合わせたAを加え、煮からめる。

主菜にも副菜にも使える万能おかず

簡単筑前煮風

根菜は少し大きめに切ると、食べごたえのあるおかずに。

冷蔵2〜3日　冷凍NG　レンジで温める

材料（4〜6回分）

鶏もも肉……大1枚（350g）
こんにゃく（アク抜き済み）……100g
にんじん（乱切り）……⅓本分
れんこん……100g
A
- だし汁……½〜¾カップ
- しょうゆ……大さじ2
- 砂糖……大さじ1と½
- 酒……大さじ1
- おろししょうが……小さじ½

ごま油……大さじ½

作り方

1 鶏肉は余分な皮と脂を除き、3cm角に切る。こんにゃくはスプーンでひと口大にちぎる。れんこんは5mm厚さのいちょう切りにする。
2 鍋にごま油を中火で熱し、1、にんじんを2〜3分炒め、全体に油がまわったらAを加える（材料がかぶる程度にだし汁で調節する）。煮立ったら弱火にしてふたをし、野菜がやわらかくなるまで15分ほど煮る。煮汁が多ければふたを取って軽く煮つめる。

鶏ささみ

100g中たんぱく質は23.9g。しかも低カロリー！

梅とのりの香りが食欲をそそります

ささみの梅磯辺天

梅の味だけでも十分においしいので、たれはお好みで。

冷蔵2~3日　冷凍2週間　レンジ＋トースターで温める

材料（4～6回分）

鶏ささみ……6本
梅干し（種を除いて小さく切る）……3個分
焼きのり（12等分に切る）……全形1枚分
A
　溶き卵……½個分
　冷水……65mℓ
　薄力粉……70g
濃いめのめんつゆまたは
　しょうゆ（好みで）……適量
揚げ油……適量

※Aの衣は市販の天ぷら粉を表示どおりに溶いたものでもOK。

作り方

1 ささみは筋を除いて斜め半分に切り、梅干しを等分にのせてのりを巻く。
2 ボウルにAを入れ、練らないよう手早く混ぜ、ホットケーキの生地程度に調整する。
3 鍋に揚げ油を170℃に熱し、1を2にくぐらせ落とし入れる。衣がカリッとするまで4～5分揚げる。食べるときに好みでめんつゆまたはしょうゆをかける。

粉をまぶしてから炒めるとしっとり仕上がります

ささみのコチュジャン炒め

淡泊なささみは、濃厚な味をからめるとおいしい！

冷蔵2~3日　冷凍2週間　レンジで温める

材料（4～6回分）

鶏ささみ……8本
長ねぎ（みじん切り）……⅓本分
薄力粉……適量
A
　コチュジャン……大さじ1
　酒……大さじ1と½
　しょうゆ・みりん……各大さじ½
ごま油……大さじ½

作り方

1 ささみは筋を除き、1本を3～4等分のそぎ切りにして薄力粉をまぶす。
2 フライパンにごま油を中火で熱し、1を並べる。ふたをして弱火にし、3分ほど焼く。上下を返して長ねぎを加え、軽く炒める。ふたをして3～4分焼く。
3 余分な油を拭いてAを加え、中火にして煮からめる。

はちみつの甘みでまろやかな味わいに

ささみとパプリカのはちみつしょうゆ炒め

パプリカは1色だけでもOK。

冷蔵2日　冷凍2週間　レンジで温める

材料（4～6回分）

鶏ささみ……8本
赤・黄パプリカ（5㎜幅の細切り）……各½個分
薄力粉……適量
A
- はちみつ……大さじ1
- しょうゆ・酒……各大さじ1と½
- 粒マスタード……小さじ2

オリーブ油……大さじ½

作り方

1 ささみは筋を除き、1本を3～4等分のそぎ切りにして薄力粉を薄くまぶす。
2 フライパンにオリーブ油を中火で熱し、1、パプリカを1～2分炒める。弱火にし、ふたをして3分ほど焼く。上下を返してふたをして3～4分焼く。
3 余分な油を拭いてAを加え、煮からめる。

コクのあるみそマヨ味でご飯がすすむ

かぼちゃとささみのみそマヨ炒め

かぼちゃの甘み、マヨのコクで味わいに奥行きが出ます。

冷蔵2日　冷凍2週間　レンジで温める

材料（4～6回分）

鶏ささみ……8本
かぼちゃ……120g
A
- マヨネーズ・酒……各大さじ1と½
- みそ……大さじ1
- しょうゆ……小さじ½
- 和風顆粒だしの素……小さじ⅓

ごま油……大さじ½

作り方

1 ささみは筋を除いて1本を3～4等分のそぎ切りにする。かぼちゃは5㎜厚さのくし形切りにして、2～3等分の長さに切る。
2 フライパンにごま油を中火で熱し、1を1～2分炒める。ふたをして弱火にし、3分ほど焼く。焼き色がついたら上下を返し、ふたをして3～4分焼く。
3 余分な油を拭いてAを加え、煮からめる。

クミンのスパイシーな香りでさめてもおいしい

ささみのスパイシーから揚げ

下味をもみ込んで、味をしっかりつけるのがコツ。

冷蔵2~3日 **冷凍2週間** レンジ+トースターで温める

材料（4～6回分）

- 鶏ささみ……8本
- A
  - 溶き卵……½個分
  - 酒・しょうゆ……各大さじ½
  - 顆粒コンソメ……小さじ1
  - クミンパウダー……小さじ⅓
  - パプリカパウダー（あれば）……小さじ½
  - 薄力粉……大さじ1
- 片栗粉・揚げ油……各適量

作り方

1 ささみは筋を除いて半分に切り、**A**をもみ込む。
2 バットに片栗粉を広げ、**1**をのせて片栗粉をかける。手でしっかりと粉をまぶす。
3 鍋に揚げ油を170℃に熱し、**2**を入れる。途中で上下を返しながら5～6分揚げる。好みでクミンパウダー、パプリカパウダー（各分量外）をふる。

まいたけたっぷりで食物繊維もしっかりとれます

ささみとまいたけのオイスターソース炒め

まいたけの代わりに、好みのきのこでもアレンジOK。

冷蔵2日 **冷凍2週間** レンジで温める

材料（4～6回分）

- 鶏ささみ……8本
- まいたけ（ほぐす）1パック分（100g）
- A
  - 水……大さじ2
  - オイスターソース・酒……各大さじ1と½
  - しょうゆ・おろししょうが……各小さじ½
  - 片栗粉……小さじ½
  - 豆板醤……小さじ⅓
- ごま油……大さじ½

作り方

1 ささみは筋を除いて1本を3～4等分のそぎ切りにする。
2 フライパンにごま油を中火で熱し、**1**、まいたけを1～2分炒める。ふたをして弱火にし、3分ほど焼く。上下を返し、ふたをして3～4分焼く。
3 余分な油を拭いて混ぜ合わせた**A**を加え、煮からめる。

どこかなつかしい味わい！　リピート必至です

ささみのケチャップソテー

ハーブを加えると風味がアップして、本格的に。

冷蔵2~3日　冷凍2週間　レンジで温める

材料（4～6回分）

- 鶏ささみ……6本
- 玉ねぎ(薄切り)……½個分
- 塩・こしょう……各少々
- 薄力粉……適量
- A
  - トマトケチャップ……大さじ2
  - 酒……大さじ1
  - ドライハーブ(好みのもの)……小さじ⅓
- オリーブ油……大さじ½

作り方

1 ささみは筋を除いて1本を2～3等分のそぎ切りにし、塩、こしょう、薄力粉の順にまぶす。

2 フライパンにオリーブ油を中火で熱し、1を焼き色がつくまで炒める。玉ねぎを加えて炒め合わせ、ふたをして弱火で4～5分、途中一度混ぜて焼く。

3 Aを加え、中火で煮からめる。

低糖質＆高たんぱくな神食材！

ささみのカレー風味フライ

衣にカレー粉を加えるだけ。ご飯に合います！

冷蔵2~3日　冷凍2週間　レンジ+トースターで温める

材料（4～6回分）

- 鶏ささみ……6本
- A
  - 塩……少々
  - カレー粉……小さじ1
  - 薄力粉……適量
  - 溶き卵……1個分
  - パン粉……適量
- 揚げ油・ソース(好みで)……各適量

作り方

1 ささみは筋を除いて厚みを開く。Aを順にまぶして衣をつける。

2 鍋に揚げ油を170℃に熱し、1を入れる。上下を返しながら4～6分揚げる。食べるときに好みでソースをかける。

鶏その他

鉄分豊富なレバーやうまみのある手羽も活用して。

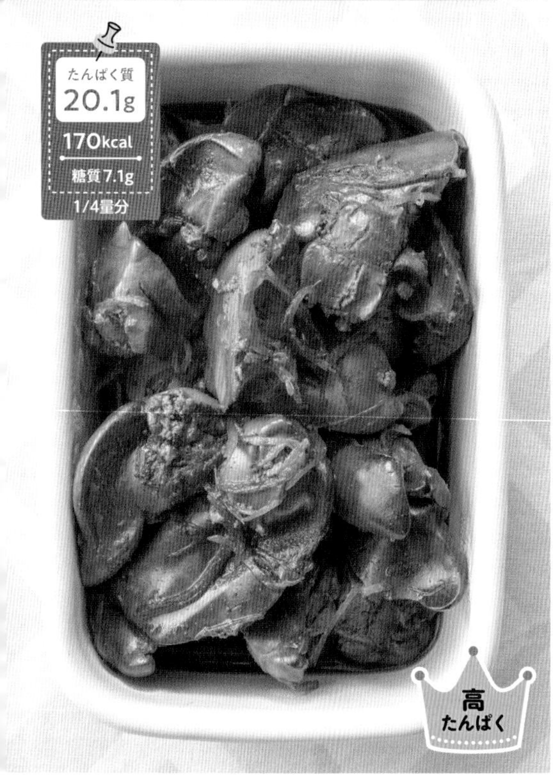

くさみを感じさせないしっとり仕上げ

鶏レバーのしょうが煮

レバーはしっかり洗って下ゆですると、くさみを抑えられます。

冷蔵2~3日　冷凍2週間　レンジで温める

材料（4〜6回分）

鶏レバー（ひと口大に切る）……400g
しょうが（せん切り）……1かけ分
A
酒……⅓カップ
しょうゆ・みりん……各大さじ3
砂糖……大さじ1
水……½〜¾カップ

作り方

1 鶏レバーは水を何度か替えながら洗い、15分ほど水につけて水けをきる。沸騰した湯で30秒ほどゆでてざるに上げ、水けを拭く。
2 鍋に1、しょうが、Aを入れて中火にかけ、沸騰したらアクを取る。弱火にしてふたをし、20分ほど煮る。煮汁が多ければ、ふたを取って中火で5分ほど煮つめる。

クセになるおいしさ。鉄分もとれます

レバーのカレー風味から揚げ

お弁当のおかずはもちろん、おつまみにもおすすめ！

冷蔵2~3日　冷凍2週間　レンジ+トースターで温める

材料（4〜6回分）

鶏レバー……300g
A
しょうゆ……大さじ2
おろししょうが……小さじ½
カレー粉・片栗粉・酒……各大さじ1
片栗粉・揚げ油……各適量

作り方

1 鶏レバーは水を何度か替えながら洗い、15分ほど水につけて水けをきる。沸騰した湯で30秒ほどゆでてざるに上げ、水けを拭く。
2 ボウルにA、1を入れて15分ほど漬ける。
3 バットに片栗粉を広げ、汁けを軽くきった2をのせる。さらに上から片栗粉をかけ、手でしっかりと粉をまぶす。
4 鍋に揚げ油を170℃に熱し、3を入れる。途中で上下を返しながら6〜7分揚げる。

さっぱりとしながらコク深い味わい

手羽元のレモンしょうゆ煮

肉は切り込みを入れると、早く味が入ります。

冷蔵2日　冷凍2週間　レンジで温める

材料（4～6回分）

鶏手羽元……12本
ししとう……8本
レモン（国産）……½個
A しょうが（せん切り）……½かけ分
A だし汁……1と½カップ
A しょうゆ……大さじ2と½
A みりん……大さじ1
サラダ油……小さじ1

作り方

1 手羽元は骨と骨の間に切り込みを入れる。
2 ししとうは切り込みを入れる。レモンはよく洗い、4㎜厚さの半月切りにする。
3 鍋にサラダ油を中火で熱し、1を焼く。焼き色がついたらAを加え、沸騰したら弱火にし、ふたをして10分ほど煮る。2を加えて8～10分煮て、火を止めてそのままさます。

ポン酢しょうゆで手軽に味つけ

手羽中とたけのこのしょうがポン酢炒め

たれに片栗粉を加えてしっかり味をからめます。

冷蔵2日　冷凍NG　レンジで温める

材料（4～6回分）

鶏手羽中……12本
たけのこ水煮……150g
塩・こしょう……各少々
しょうが（せん切り）……½かけ分
A ポン酢しょうゆ……大さじ2
A 酒……大さじ1
A 砂糖・片栗粉……各小さじ1
ごま油……大さじ½

作り方

1 手羽中は骨と骨の間に切り込みを入れ、塩、こしょうをもみ込む。たけのこは4～5㎝長さに切ってから薄切りにする。
2 フライパンにごま油を中火で熱し、1の手羽中を入れて両面を焼く。焼き色がついたら、しょうが、たけのこを加えて炒め合わせ、ふたをして弱火にし、途中上下を返しながら6～8分焼く。
3 余分な油を拭いて、混ぜ合わせたAを加えて煮からめる。

豚こま切れ肉

炒めもの、煮ものなどに使いやすく、お財布にもやさしい。

食べごたえバツグン。部活メシにも

豚肉たっぷりお好み焼き

野菜もたっぷり。マヨネーズやトッピングは別添えにして。

冷蔵2日　冷凍2週間　レンジで温める

材料（4回分）

豚こま切れ肉……300ｇ
キャベツ……1～2枚(75ｇ)
A
長いも(すりおろす)……1～2㎝分(25ｇ)
だし汁……¾カップ
卵……1個
薄力粉……100ｇ
紅しょうが・天かす……各大さじ1と½
乾燥桜えび……5ｇ
ソース・マヨネーズ・かつお節・青のり粉(好みで)……各適量
サラダ油……大さじ½

作り方

1 キャベツはせん切りにして、長さを3等分にする。
2 ボウルにAを入れて混ぜ、1を加えて混ぜる。
3 フライパンにサラダ油を中火で熱し、豚肉の½量を並べる。2の生地を肉の上に丸く流し入れ、残りの豚肉をのせる。ふたをして弱火にし、両面を5～6分ずつ焼いて火を通す。粗熱が取れたらつめやすい大きさに切る。好みで食べるときにソース、マヨネーズ、かつお節、青のり粉をかける。

ボリュームたっぷりの甘辛ケチャップ味

豚こまだんごのケチャップ煮

豚こまは平たいボール状にすれば、早く火が通ります。

冷蔵2～3日　冷凍2週間　レンジで温める

材料（4～6回分）

豚こま切れ肉……400ｇ
玉ねぎ(1㎝幅のくし形切り)……½個分
塩・こしょう……各少々
薄力粉……適量
A
トマトケチャップ……⅓カップ
水……¼カップ
ウスターソース……大さじ1
砂糖……小さじ½
片栗粉……小さじ½(少量の水で溶く)
オリーブ油……大さじ½

作り方

1 豚肉は3～4㎝四方になるように、手でにぎるようにして少し平たい球状にする。塩、こしょう、薄力粉をまぶす。
2 フライパンにオリーブ油を中火で熱し、1、玉ねぎを入れる。ふたをして弱火にし、上下を返しながら8～10分焼く。
3 Aを加えて一度混ぜ、ふたをしてときどき混ぜながら2～3分煮る。水溶き片栗粉を少しずつ加えてとろみをつける。

大豆もやしでたんぱく質量をさらにアップ

豚肉とカラフル野菜の塩炒め

鶏ガラスープの素、しょうが、酢でさっぱり仕上げます。

冷蔵2日　冷凍2週間　レンジで温める

材料（4〜6回分）

- 豚こま切れ肉……350g
- にんじん（短冊切り）……¼本分
- 大豆もやし……1袋（200g）
- ピーマン（8㎜幅の細切り）…2個分
- 塩・こしょう……各適量
- A
  - 水……大さじ1
  - しょうゆ……小さじ1と½
  - 鶏ガラスープの素・酢……各小さじ1
  - 片栗粉……小さじ1
  - おろししょうが……小さじ½
  - 塩・こしょう……各少々
- ごま油……大さじ1

作り方

1 豚肉は大きければ4㎝長さに切り、塩、こしょう各少々をふる。

2 フライパンにごま油を中火で熱し、1を2〜3分炒める。肉の色が変わったらにんじん、大豆もやし、ピーマンの順に加え、3〜5分炒める。

3 混ぜ合わせたAを加えて手早く炒め合わせ、塩、こしょう各少々で味をととのえる。

豚丼風の甘辛しょうゆ味。ご飯がすすみます

豚肉と玉ねぎの甘辛煮

そのままおかずにするのはもちろん、卵でとじてもおいしい。

冷蔵2日　冷凍2週間　レンジで温める

材料（4〜6回分）

- 豚こま切れ肉（大きければ切る）……400g
- 玉ねぎ（薄切り）……½個分
- しょうが（せん切り）……½かけ分
- A
  - だし汁……¾カップ
  - しょうゆ・みりん……各大さじ2
  - 酒……大さじ1
  - 砂糖……大さじ½
- 冷凍グリーンピース……50g

作り方

1 鍋に豚肉、玉ねぎ、しょうが、Aを入れて中火にかけ、煮立ったら弱火にしてふたをし、ときどき混ぜながら15分ほど煮る。

2 グリーンピースを凍ったまま加え、1〜2分煮る。煮汁が多ければふたを取って軽く煮つめる。

ホッとする優しい味わい。豚肉もたっぷり入れて

豚肉と切り干し大根の煮もの

蒸し大豆を加えて、たんぱく質量をカバーします。

冷蔵2~3日　冷凍2週間　レンジで温める

材料 (6~8回分)

- 豚こま切れ肉(大きければ切る) …… 250g
- 切り干し大根 …… 20g
- にんじん(短冊切り) …… ¼本分
- A
  - だし汁 …… 1と⅓カップ
  - しょうゆ …… 大さじ1と½
  - みりん・酒・砂糖 …… 各大さじ1
- 蒸し大豆 …… 50g
- サラダ油 …… 小さじ1

作り方

1 切り干し大根は水に20分ほどつけてもどし、水けを絞って3～4等分に切る。
2 鍋にサラダ油を中火で熱し、1、豚肉、にんじんを2分ほど炒める。
3 A、蒸し大豆を加え、煮立ったらふたをして弱火にし、ときどき混ぜながら15分ほど煮る。煮汁が多ければふたを取って軽く煮つめる。

ミネラルもとれる優秀おかず

豚とひじきの炒め煮

ひじきでミネラル、油揚げや枝豆でたんぱく質をアップ。

冷蔵2~3日　冷凍2週間　レンジで温める

材料 (6~8回分)

- 豚こま切れ肉(大きければ切る) …… 250g
- 乾燥芽ひじき …… 15g
- にんじん(せん切り) …… ⅙本分
- 油揚げ …… ½枚
- A
  - だし汁 …… 1と⅓カップ
  - 砂糖 …… 大さじ1と⅔
  - しょうゆ …… 大さじ1と½
  - 酒・みりん …… 各大さじ1
- 冷凍枝豆(解凍してさやから出す) …… 40g
- サラダ油 …… 小さじ1

作り方

1 ひじきは水に30分つけてもどし、水けをきる。油揚げは長さを半分にして5㎜幅に切る。
2 鍋にサラダ油を中火で熱し、1、豚肉、にんじんを2分ほど炒める。
3 Aを加え、煮立ったらふたをして弱火にし、15分ほど煮る。枝豆を加えて混ぜる。煮汁が多ければふたを取って軽く煮つめる。

切って炒めるだけのイタリアンデリ風

豚肉となすのアンチョビ炒め

アンチョビペーストで味つけを簡単に。うまみもプラス！

冷蔵2日　冷凍2週間　レンジで温める

材料（4〜6回分）

豚こま切れ肉……350g
なす……2本
A ［アンチョビペースト・酒……各大さじ1
　 粗びき黒こしょう……少々
オリーブ油……大さじ1

作り方

1 なすは縦半分に切り、さらに横半分に切って8㎜厚さに切る。
2 フライパンにオリーブ油を中火で熱し、豚肉を炒める。8割ほど火が通ったら1を加え、弱火でなすがしんなりするまで4〜6分炒める。
3 Aを加えて炒め合わせる。

うずら卵を加えた主役になるあえもの

豚肉とメンマのごま油あえ

炒めずにゆでてあえるだけ。ごま油で風味よく仕上げて。

冷蔵2日　冷凍NG　そのままつめる

材料（4〜6回分）

豚こま切れ肉……300g
水菜……½束
メンマ（市販）……70g
うずら卵水煮……8個
A ［ごま油……大さじ1
　 しょうゆ……小さじ2

作り方

1 水菜はさっと塩ゆで（分量外）し、水にさらして水けを絞り、3㎝長さに切る。続けて同じ湯で豚肉をゆで、ざるに上げて食べやすい大きさに切る。
2 メンマは食べやすい長さに切る。
3 ボウルに1、2、うずら卵を入れ、Aを加えてあえる。

豚薄切り肉

ロース、もも、バラなどの部位をおかずに合わせて使い分けます。

ゆずこしょうの風味を効かせて

アスパラの豚肉巻き

つめるときに好みの大きさに切り分けましょう。

冷蔵2日　冷凍2週間　レンジで温める

材料（8本分）

豚ロース薄切り肉……16枚（400g）
グリーンアスパラガス……8本
塩……少々
薄力粉……適量
A
- 酒……大さじ1と½
- ゆずこしょう……小さじ½〜⅔

サラダ油……小さじ1

作り方

1 アスパラは根元のかたい部分をピーラーでむき、長さを2〜3等分に切る。沸騰した湯で30秒ほどさっとゆでてざるに上げ、粗熱を取る。

2 豚肉2枚を並べて広げ、アスパラ1本分をのせる。穂先を出すようにして肉を巻きつける。残りも同様にして作り、巻き終わりをしっかり押さえて塩、薄力粉をふる。

3 フライパンにサラダ油を中火で熱し、2の巻き終わりを下にして並べる。弱火にしてふたをし、上下を返しながら6分ほど焼く。余分な油を拭き、混ぜ合わせたAを加えて煮からめる。

レンチンしてからあえるだけ

豚の梅しそレンジ蒸し

しゃぶしゃぶ用肉ならさめてもかたくならず、しっとり感キープ。

冷蔵2日　冷凍2週間　レンジで温める

材料（4〜6回分）

豚薄切りしゃぶしゃぶ用肉……350g
梅干し（種を除いて粗く刻む）……2個分（正味12〜15g）
青じそ（せん切り）……5枚分
A
- めんつゆ（2倍濃縮）……大さじ2
- 酒……大さじ1

白いりごま……大さじ1

作り方

豚肉は大きければ長さを5〜6cmに切る。耐熱容器に入れてAを回しかけ、ふんわりとラップをかけて電子レンジで5〜7分加熱する。粗熱が取れたら汁けをきり、梅干し、青じそ、白いりごまを加えてあえる。

肉をくるくる巻いて食べごたえアップ

レンジチャーシュー

レンチンするだけなので簡単。作っておくと重宝します。

冷蔵2~3日　冷凍2週間　レンジで温める

材料（4回分）

豚ロース薄切り肉……400g

A
- しょうゆ……大さじ2
- 酒・砂糖……各大さじ1
- オイスターソース……大さじ1
- 鶏ガラスープの素……小さじ½
- おろしにんにく……小さじ½

作り方

1 豚肉は2枚1組にする。1枚を端からきつく巻き、上からもう1枚巻いて渦巻き状にしてつま楊枝で留める。

2 深めの耐熱容器にAを入れて混ぜ、1を加える。ふんわりとラップをかけて電子レンジで8分ほど加熱する。上下を返して混ぜてそのままさます。

とろりとからむソースにご飯がすすむ

なすと豚肉のソース炒め

ソースの濃厚なうまみを味つけに活用。クセになります！

冷蔵2日　冷凍2週間　レンジで温める

材料（4~6回分）

豚ロース薄切り肉（4cm長さに切る）……400g

なす……2本

塩・こしょう……各少々

A
- 中濃ソース……大さじ3
- 和風顆粒だしの素……小さじ½
- 片栗粉……小さじ1
- 水……大さじ1

ごま油……大さじ1

作り方

1 豚肉は塩、こしょうをふる。なすは縦半分に切り、さらに横半分に切って8mm厚さに切る。

2 フライパンにごま油を中火で熱し、1を4～5分炒める。混ぜ合わせたAを加えて炒め合わせる。

ズッキーニに豚バラのコクがマッチ

豚肉のズッキーニみそ巻き

フライパンの余分な油を拭くと、たれがしっかりからみます。

冷蔵2日　冷凍2週間　レンジで温める

材料（4回分）

豚バラ薄切り肉……300g
ズッキーニ……2本
A
- みそ・酒・水……各大さじ1
- みりん……小さじ2
- しょうゆ……小さじ1
- おろししょうが……小さじ½

サラダ油……小さじ1

作り方

1 ズッキーニは長さ2〜3等分に切り、それぞれ縦4等分に切る。豚肉をしっかり巻きつける。
2 フライパンにサラダ油を中火で熱し、1の巻き終わりを下にして焼く。焼き色がついたら弱火にし、ふたをしてときどき転がしながら6〜8分蒸し焼きにする。
3 余分な油を拭いて、混ぜ合わせたAを加えて煮からめる。

きのこのうまみがたっぷり

マッシュルームカツ

マッシュルームをしいたけに替えてもおいしい。

冷蔵2日　冷凍2週間　レンジ+トースターで温める

材料（8個分）

豚もも薄切り肉……350g
マッシュルーム……8個
A
- 塩・こしょう……各少々
- 薄力粉……適量
- 溶き卵……1個分
- パン粉……適量

揚げ油・ソース（好みで）…各適量

作り方

1 マッシュルームは根元の汚れている部分を除き、縦半分に切る。
2 豚肉を広げて1を2切れずつのせてしっかり包み、巻き終わりを手で押さえる。計8個作り、Aを順にまぶして衣をつける。
3 鍋に揚げ油を170℃に熱し、2を5〜7分揚げる。好みで食べるときにソースをかける。

レモンの輪切りでさわやかさをプラス

豚肉のチーズ包み焼き

豚肉＋チーズでたんぱく質優秀なおかずに！

冷蔵2～3日　冷凍2週間　レンジで温める

材料 （8個分）

豚ロース薄切り肉……350g
カマンベールチーズ……1個
焼きのり……適量
塩・こしょう……各少々
A ┌ 粗びき黒こしょう・
　│ ドライハーブ(好みのもの)
　└ ……各少々
レモン(国産・薄い輪切り)……½個分
オリーブ油……小さじ1

作り方

1 カマンベールチーズは8等分に切り、のりで包む。
2 豚肉を広げて1をのせ、しっかり包んで形を整え、塩、こしょうをふる。計8個作る。
3 フライパンにオリーブ油を弱火で熱し、1をときどき転がしながら焼き色をつける。ふたをして5～8分蒸し焼きにし、Aをふり、レモンを添える。

大きめの豚肉も驚きのやわらかさに

豚肉の塩麹焼き

塩麹の力で時間をおいてもしっとり。作りおきにぴったりです。

冷蔵2～3日　冷凍2週間　レンジで温める

材料 （4～6回分）

豚しょうが焼き用肉……400g
A ┌ 塩麹……大さじ2と½
　│ 酒……大さじ1
　└ おろししょうが……小さじ½
サラダ油……大さじ½

作り方

1 Aを混ぜ合わせて豚肉を加え、30分～ひと晩漬け込む。
2 フライパンにサラダ油を中火で熱し、1の漬け汁を軽く除いて加え、両面に火が通るまで5～8分焼く(火加減を調節して焦がさないように注意)。

豚厚切り肉

ももやヒレなどが、低カロリー高たんぱくでおすすめの部位。

脂の少ないヒレ肉でヘルシーに

ローストポーク

時間があるときにぜひ。冷凍するときは切り分けましょう。

冷蔵2～3日　冷凍2週間　レンジで温める

材料（4～6回分）

- 豚ヒレ肉……400g
- 塩……小さじ⅔
- 粗びき黒こしょう……適量
- バター……5g
- マヨネーズ・マスタード（好みで）……各適量
- オリーブ油……大さじ½

作り方

1 豚肉に塩、粗びき黒こしょうをふる。

2 深めのフライパンにオリーブ油とバターを中火で熱し、1を入れてふたをする。途中で転がしながら焼き色をつける。

3 天板にくっつかないタイプのアルミホイルを敷いて2をのせ、170℃に予熱したオーブンで30分ほど焼く。竹串を刺して透明な汁が出てきたらアルミホイルに包んでさます（冷凍するときは粗熱が取れたら切り分ける）。食べるときに好みでマヨネーズ、マスタードをつける。

ご飯にもパンにも合います

豚ヒレ肉のチーズハーブソテー

肉を焼いてから、スライスチーズをちぎってのせるだけ！

冷蔵2～3日　冷凍2週間　レンジで温める

材料（4～6回分）

- 豚ヒレ肉……400g
- 塩・こしょう……各少々
- 薄力粉……適量
- ドライハーブ（好みのもの）……小さじ1
- スライスチーズ……2～3枚
- オリーブ油……大さじ½

作り方

1 豚肉は1cm厚さに切り、塩、こしょう、薄力粉をまぶす。

2 フライパンにオリーブ油を中火で熱し、1を入れる。ふたをして5～6分焼き、焼き色がついたら上下を返して3～4分焼く。ハーブを加えてからめる。

3 スライスチーズを肉のサイズに合わせて手でちぎりながらのせる。

ヒレ肉はさめてもやわらかくお弁当向き

まいたけと豚ヒレ肉のオイスターソース炒め

まいたけをたっぷり。食物繊維もしっかりとれます。

冷蔵2日　冷凍2週間　レンジで温める

材料（4～6回分）

豚ヒレ肉……400g
まいたけ（ほぐす）……大1パック分（120g）
長ねぎ（小口切り）……⅓本分
塩・こしょう……各少々
薄力粉……適量
A
- オイスターソース……大さじ2
- 酒……大さじ1
- おろししょうが……小さじ⅓
- 鶏ガラスープの素……小さじ½

ごま油……大さじ1

作り方

1 豚肉は1㎝厚さに切り、大きければ半分に切る。塩、こしょう、薄力粉をまぶす。
2 フライパンにごま油を中火で熱し、1、まいたけ、長ねぎを入れる。弱火にしてふたをし、ときどき上下を返しながら5～6分炒める。Aを加えて煮からめる。

脂分が少ないのでもたれません！

ヒレカツ

さめてもかたくなりにくく、食べやすい！

冷蔵2~3日　冷凍2週間　レンジ+トースターで温める

材料（4～6回分）

豚ヒレ肉……400g
塩・こしょう……各少々
薄力粉・パン粉……各適量
溶き卵……1個分
ソース（好みで）……適量
揚げ油……適量

作り方

1 豚肉は1㎝厚さに切り、塩、こしょうをふり、薄力粉、溶き卵、パン粉を順にまぶして衣をつける。
2 鍋に揚げ油を170℃に熱し、1を5～6分揚げる。食べるときに好みでソースをかける。

フレッシュなレモンの香りが最高

豚肉のレモンクリームソテー

豚肉は切らずに作り、最後に切り分けても。

冷蔵2日　冷凍2週間　レンジで温める

材料　(4〜6回分)

豚トンカツ用肉……3枚(350g)
玉ねぎ(薄切り)……½個分
レモン(国産・薄い輪切り)……½個分
塩・こしょう……各少々
薄力粉……大さじ1と½
酒(あれば白ワイン)……大さじ2
A［生クリーム……⅓カップ
　 塩・こしょう……各少々
オリーブ油……大さじ½

作り方

1 豚肉は1.5㎝幅に切り、塩、こしょう、薄力粉の順にまぶす。
2 フライパンにオリーブ油を中火で熱し、1を焼く。両面に焼き色がついたら、空いているところに玉ねぎを加えて1分炒める。弱火にしてふたをし、ときどき混ぜながら5〜6分焼く。
3 レモン、酒を加えて中火でひと煮立ちさせ、Aを加えて煮からめる。

甘さ控えめ。うまみの強い肩ロースでぜひ

煮豚

さめたときに固まった脂を除くと、カロリーダウンに。

冷蔵2~3日　冷凍2週間　レンジで温める

材料　(作りやすい分量)

豚肩ロースかたまり肉
……400g×2本
A［長ねぎ(青い部分)……½本分
　 しょうが(薄切り)……1かけ分
　 水……約6カップ
　 しょうゆ……⅔カップ
　 砂糖……大さじ3
　 酒……大さじ2
ごま油……大さじ½

作り方

1 深めの鍋にごま油を中火で熱し、豚肉を入れて全面に焼き色をつける。
2 Aを加えて強火にし、煮立ったら静かに沸騰する程度の弱火にして、ときどき上下を返しながら落としぶたをして1時間〜1時間10分煮る(アクが出たら除く)。
3 豚肉をいったん取り出し、中火で煮汁が半分ほどになるまで煮つめる。豚肉と煮汁を保存容器に入れ、できれば半日以上漬ける(冷凍する場合は薄切りにする)。

エリンギの歯ごたえがおいしさの秘密

豚肉のジェノベーゼソテー

バジルの香りがお弁当に新鮮！ パン弁当にも合います。

冷蔵2日 冷凍2週間 レンジで温める

材料 (4～6回分)

- 豚ヒレ肉……350g
- エリンギ……2本
- 玉ねぎ(薄切り)……¼個分
- 塩・こしょう……各少々
- A
  - ジェノベーゼソース(市販)……大さじ1と⅔
  - 粉チーズ……大さじ1と½
- オリーブ油……大さじ½

作り方

1. 豚肉は1㎝厚さに切り、さらに2㎝四方に切って塩、こしょうをふる。エリンギは長さを半分に切り、薄切りにする。
2. フライパンにオリーブ油を中火で熱し、1の豚肉を焼く。両面に焼き色がついたら、玉ねぎ、エリンギを加えて弱火にし、ふたをする。ときどき混ぜながら4～6分蒸し焼きにする。
3. Aを加え、中火にして煮からめる。

野菜もたっぷり、カラフルおかず

簡単酢豚

肉を揚げない酢豚。炒めてたれをからめるだけで作れます。

冷蔵2日 冷凍2週間 レンジで温める

材料 (4～6回分)

- 豚ヒレ肉……350g
- ピーマン(乱切り)……2個分
- 赤パプリカ(乱切り)……½個分
- 玉ねぎ……¼個
- 塩・こしょう……各少々
- A
  - 水……大さじ2
  - 酢……大さじ1と½
  - しょうゆ・トマトケチャップ・砂糖……各大さじ1
  - 鶏ガラスープの素・片栗粉……各小さじ1
  - おろししょうが……小さじ½
- ごま油……小さじ1

作り方

1. 豚肉は1.5㎝厚さに切り、さらに2～3㎝四方に切って塩、こしょうをふる。玉ねぎは1㎝幅のくし形切りにして、長さを2～3等分に切る。Aは混ぜておく。
2. フライパンにごま油を中火で熱して1を入れ、ふたをしてときどき混ぜながら炒める。肉の色が変わって8割ほど火が通ったら、パプリカ、ピーマンを加えて炒める。
3. 全体に火が通ったら、混ぜ合わせたAを加え、とろみがつくまで炒める。

野菜もしっかりとれます

牛肉の八幡巻き風

たれをからめる前に、余分な油をしっかり拭き取るのがコツ。

冷蔵2～3日　冷凍2週間　レンジで温める

材料（8本分）

	牛薄切り肉	400g
	にんじん（6cm長さの細切り）	½本分
	ごぼう（6cm長さの細切り）	½本分
	薄力粉	適量
A	しょうゆ	大さじ1と½
A	みりん・酒	各大さじ1と½
A	砂糖	小さじ1
	サラダ油	大さじ½

作り方

1 にんじん、ごぼうはそれぞれ3～4分ゆでてざるに上げ、水けをきって粗熱を取る。
2 牛肉を広げて8等分に分け、内側に薄力粉を薄くまぶす。手前に1を等分にのせて巻き、巻き終わりを手で押さえて全体に薄く薄力粉をまぶす。
3 フライパンにサラダ油を中火で熱し、2の巻き終わりを下にして並べる。ふたをして弱火にし、転がしながら6～8分焼く。余分な油を拭いて、Aを加えて煮からめる。

材料2つ。パパッと作れます

牛肉と玉ねぎのカレー炒め

パンにもご飯にも合うおかず。バターでコクを加えます。

冷蔵2日　冷凍2週間　レンジで温める

材料（4～6回分）

	牛薄切り肉（4cm幅に切る）	400g
	玉ねぎ（8mm幅の薄切り）	½個分
	塩	少々
	薄力粉	大さじ1
	バター	8g
A	カレー粉	小さじ2
A	しょうゆ	大さじ1
A	みりん・酒	各大さじ1

作り方

1 牛肉は塩、薄力粉をふる。
2 フライパンにバターを中火で溶かし、1、玉ねぎを4～5分炒める。肉の色が変わったらAを加えて炒め合わせる。

しょうが風味の甘辛だれがよく合います

牛肉の厚揚げ巻き

肉は少なめですが、厚揚げでボリューム感をしっかりキープ。

冷蔵2〜3日　冷凍NG　レンジで温める

材料（8個分）

- 牛ロース薄切り肉……250g
- 厚揚げ……400g
- 塩・こしょう……各少々
- A
  - しょうゆ・みりん……各大さじ1
  - おろししょうが……小さじ½
- サラダ油……小さじ1

作り方

1. 厚揚げは熱湯を回しかけて水けを拭き、8等分に切る。牛肉は塩、こしょうをふり、厚揚げをのせて巻き、巻き終わりを手で押さえて形を整える。
2. フライパンにサラダ油を中火で熱し、1の巻き終わりを下にして焼く。全体に焼き色がついたら弱火にし、ふたをしてときどき転がしながら5〜8分蒸し焼きにする。
3. 余分な油を拭いて、Aを加えて煮からめる。

しょうゆをほんの少し加えるのがポイント

牛肉のトマト炒め煮

好みで食べるときに粉チーズをさらにふっても！

冷蔵2日　冷凍2週間　レンジで温める

材料（4〜6回分）

- 牛ロース薄切り肉（または切り落とし肉）……350g
- 玉ねぎ（薄切り）……½個分
- にんにく（みじん切り）……1片分
- バター……5g
- A
  - トマト水煮缶（ホールタイプ）……⅓缶（130g）
  - 赤ワイン……大さじ3
- B
  - 粉チーズ……大さじ1
  - しょうゆ……小さじ1
  - 塩・粗びき黒こしょう……各少々
- ドライパセリ……少々

作り方

1. 牛肉は食べやすい大きさに切る。
2. 鍋にバター、にんにくを中火で熱し、1、玉ねぎを炒める。玉ねぎがしんなりしてきたらAを加え、煮立ったら弱火にし、ふたをして15分ほど煮る。
3. Bを加えて味をととのえ、ふたを取って中火で3〜5分、少し煮つめて水分をとばす。ドライパセリをふる。

牛こま切れ肉

さっと炒めたり煮たりするだけでOK。

たんぱく質
18.3g
288kcal
糖質6.4g
1/4量分

コチュジャンで辛みをプラス

焼き肉風たれ炒め

Aの合わせだれは炒める前に混ぜ合わせておきます。

冷蔵2日　冷凍2週間　レンジで温める

材料（4〜6回分）

牛こま切れ肉……400g
ピーマン（縦1cm幅に切る）……4個分
A
- 焼き肉のたれ……大さじ4
- コチュジャン……大さじ½
- 水……大さじ½
- 片栗粉……小さじ1
- 塩……少々

ごま油……大さじ½

作り方

1 フライパンにごま油を中火で熱し、牛肉、ピーマンを4〜5分炒める。
2 肉の色が変わったら混ぜ合わせたAを加えて煮からめる。

たんぱく質
19.0g
279kcal
糖質0.7g
1/4量分

大豆もやしでたんぱく質量アップ！

牛肉と大豆もやしのにんにく塩炒め

にんにく、ごま油、鶏ガラスープの素でうまみたっぷり！

冷蔵2日　冷凍2週間　レンジで温める

材料（4〜6回分）

牛こま切れ肉……400g
大豆もやし……1袋（200g）
塩・こしょう……各適量
にんにく（みじん切り）……1片分
A
- 水・酒……各大さじ1
- 鶏ガラスープの素……小さじ1

ごま油……大さじ1

作り方

1 牛肉は塩、こしょう各少々をふる。
2 フライパンにごま油を中火で熱し、1を2〜3分炒める。大豆もやし、にんにくを加えて4分ほど炒める。
3 Aを加えて炒め合わせ、塩、こしょう各少々で味をととのえる。

きのこの食物繊維で腸活にも効果あり！

牛肉としめじのケチャップ炒め

牛肉は炒める前に粉をまぶすと、やわらかさが続きます。

冷蔵2日　冷凍2週間　レンジで温める

材料 (4〜6回分)

- 牛こま切れ肉……400g
- しめじ(石づきを除いてほぐす)……大1パック分(120g)
- 塩・こしょう……各少々
- 薄力粉……大さじ1
- 玉ねぎ(薄切り)……¼個分
- A
  - トマトケチャップ……大さじ4
  - 水……大さじ2
  - ウスターソース・酒……各大さじ1
  - 砂糖……小さじ½
- パセリ(みじん切り)……大さじ½
- オリーブ油……大さじ½

作り方

1. 牛肉は塩、こしょうをふり、薄力粉をまぶす。
2. フライパンにオリーブ油を中火で熱し、1、玉ねぎ、しめじを3〜4分炒める。Aを加えて煮からめ、パセリを加えてひと混ぜする。

油を使わないさっぱり和風味

牛肉とスナップえんどうのごまだれあえ

練りごまと辛子で味に深みを出します。

冷蔵2日　冷凍2週間　レンジで温める

材料 (4〜6回分)

- 牛こま切れ肉……350g
- スナップえんどう……10本
- A
  - 白練りごま・酢……各大さじ1と½
  - しょうゆ……大さじ1
  - 砂糖……小さじ½
  - 練り辛子・和風顆粒だしの素……各小さじ⅓

作り方

1. スナップえんどうは筋を除き、沸騰した湯で2分ほどゆでて冷水にとる。水けをきって斜め半分に切る。
2. 1の湯を再び煮立て、牛肉を色が変わるまで2〜3分ゆでてざるに上げる。
3. ボウルにAを入れて混ぜ、1、水けをきった2を加えてあえる。

牛こま切れ肉

たんぱく質 18.5g
275kcal
糖質4.3g
1/4量分

しみじみおいしい！　ヘビロテ間違いなし

牛肉のしぐれ煮風

ごぼうは細めのささがきにすると、早く火が通ります。

冷蔵2~3日　冷凍2週間　レンジで温める

材料（4～6回分）

	牛こま切れ肉	400g
	ごぼう	½本(70g)
A	だし汁	⅓カップ
	しょうが(せん切り)	½かけ分
	しょうゆ	大さじ3
	みりん・酒・砂糖	各大さじ1

作り方

1 ごぼうはささがきにして水にさらし、水けをしっかりきる。牛肉は大きければ切る。

2 鍋にAを入れて火にかけ、煮立ったら1を加えて中火で煮る。アクを取って弱火にし、ふたをしてときどき混ぜながら15分ほど煮る。ふたを取り、軽く煮つめる。

たんぱく質 13.9g
249kcal
糖質7.0g
2個分

多めの油で揚げ焼きにします

牛こまのカツ風

かたまり肉を使うより、やわらかく食べやすいおかずに。

冷蔵2~3日　冷凍2週間　レンジ+トースターで温める

材料（10個分）

	牛こま切れ肉	350g
A	塩・こしょう	各少々
	薄力粉	適量
	溶き卵	1個分
	パン粉	適量
	ソース(好みで)	適量
	オリーブ油	大さじ2

作り方

1 牛肉は数枚ずつを重ね、貼りつけるようにして形をまとめる。計10個作り、Aを順にまぶして衣をつける。

2 フライパンにオリーブ油大さじ1を弱めの中火で熱し、1を並べ入れる。弱火にしてふたをし、3～4分焼いたら上下を返す。オリーブ油大さじ1を加え、ふたをしてさらに3～4分焼く。食べるときに好みでソースをかける。

牛厚切り肉

赤身の多い肉を選ぶと、カロリーを抑えられます。

ピリッとした辛みがさわやか

牛ステーキゆずこしょう風味

しっかり中まで火を通してから、ゆずこしょうをぬって。

冷蔵2~3日　冷凍2週間　レンジで温める

材料 (4回分)

牛ステーキ用肉……2枚(400g)
A［塩・粗びき黒こしょう……各少々］
酒……大さじ1
ゆずこしょう……適量
オリーブ油……大さじ½

作り方

1 牛肉はAをふる。
2 フライパンにオリーブ油を中火で熱し、1の両面を焼く。全体に焼き色がついたら弱火にし、ふたをして4～6分蒸し焼きにする。途中で上下を返して中まで火を通す。酒を回し入れ、ひと煮立ちしたら火を止める。
3 食べやすい大きさに切り、ゆずこしょうをぬる。

お弁当に入っていると思わずにっこり!

サイコロステーキ

コロコロ食べやすい大きさ。パセリもたっぷり加えて。

冷蔵2日　冷凍2週間　レンジで温める

材料 (4回分)

牛サイコロステーキ肉……400g
マッシュルーム……4個
塩・こしょう……各少々
バター……5g
A［パセリ(みじん切り)……大さじ1と½
酒・しょうゆ……各大さじ1］
オリーブ油……小さじ1

作り方

1 牛肉は塩、こしょうをふる。マッシュルームは根元の汚れている部分を除き、5㎜厚さの薄切りにする。
2 フライパンにオリーブ油を中火で熱し、1の牛肉を炒める。焼き色がついたら弱火にし、ふたをして4～6分蒸し焼きにする。途中で上下を返して中まで火を通し、取り出す。
3 2のフライパンにバター、マッシュルームを加えて2～3分炒め、しんなりしてきたらAを加えて中火で煮からめる。2の牛肉にかける。

ひき肉

野菜につめたり、丸めて焼いたり、アレンジ自在！

ホクホクのれんこんがおいしい！

れんこんのはさみ焼き

れんこんに肉だねをはさんでボリュームたっぷりに。

冷蔵2日　冷凍2週間　レンジで温める

材料（4〜6回分）

- 鶏むねひき肉……350g
- れんこん（4mm厚さの薄切り）……300g
- 長ねぎ（みじん切り）……6cm分
- A
  - パン粉……大さじ4
  - 牛乳……大さじ1
  - 塩……小さじ¼
  - おろししょうが……小さじ½
- 薄力粉……適量
- B
  - 酒……大さじ2
  - みそ・みりん……各大さじ1
  - 水……大さじ1
  - しょうゆ……小さじ2
  - 砂糖・片栗粉……各小さじ1
- サラダ油……大さじ½

作り方

1. れんこんは水にさらして水けを拭く。
2. ボウルにひき肉、長ねぎ、Aを入れて練り混ぜる。2枚1組にしたれんこんの内側に薄力粉をふり、肉だねを等分につめる。れんこんの穴まで肉が入るように形を整え、全体に薄力粉をまぶす。
3. フライパンにサラダ油をひいて2を並べ、中火にかける。ふたをして弱火にし、4〜5分焼く。焼き色がついたら上下を返し、ふたをして3〜4分焼く。
4. 油が出てきたら拭いて、混ぜ合わせたBを加えて煮からめる。

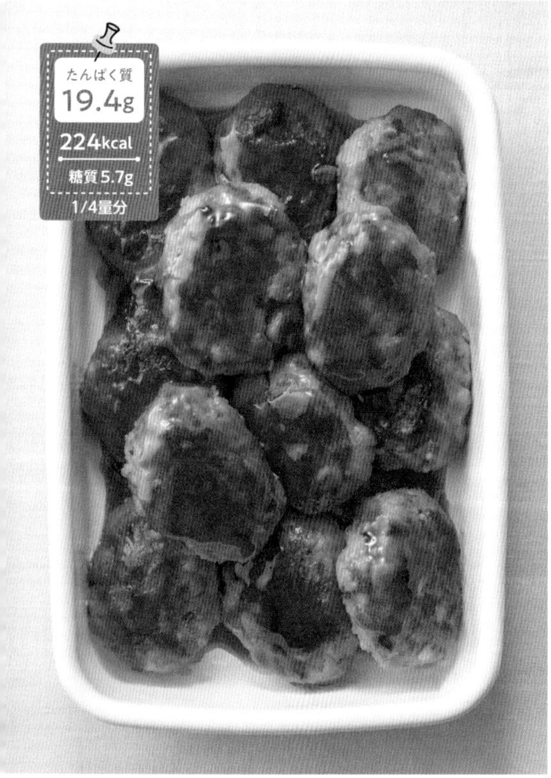

大豆の食感が◎。たんぱく質もアップします

大豆入り照り焼きつくね

粗く刻んだ蒸し大豆を混ぜたヘルシーつくね。

冷蔵2〜3日　冷凍2週間　レンジで温める

材料（4〜6回分）

- 鶏むねひき肉……350g
- A
  - 蒸し大豆（粗く刻む）……80g
  - 長ねぎ（みじん切り）……5cm分
  - 塩……小さじ¼
  - パン粉……大さじ4
  - 牛乳……大さじ1
  - おろししょうが……小さじ½
- B
  - しょうゆ・みりん……各大さじ1と½
  - 酒・水……各大さじ1
  - 片栗粉……小さじ⅔
  - 砂糖……大さじ½
- ごま油……大さじ½

作り方

1. ボウルにひき肉、Aを入れてよく練り混ぜ、12等分のだ円に成形する。
2. フライパンにごま油を中火で熱し、1を並べる。弱火にしてふたをし、両面を3〜4分ずつ焼く。
3. 余分な油を拭いて、混ぜ合わせたBを加えて煮からめる。

電子レンジで作れるごちそうおかず

ゆで卵入りレンジミートローフ

カットするとゆで卵がドーン。レンチンで作れるのもうれしい。

冷蔵2日　冷凍NG　レンジで温める

材料（4〜6回分）

	合いびき肉	350g
	ゆで卵（横半分に切る）	4個分
	薄力粉	適量
	玉ねぎ（みじん切り）	⅙個分
A	パン粉	½カップ
A	卵	1個
A	牛乳	大さじ1
A	塩	小さじ¼
A	こしょう	少々
B	トマトケチャップ	大さじ5
B	水	大さじ2
B	ウスターソース	大さじ1と½
B	砂糖・片栗粉	各小さじ½

作り方

1 ゆで卵は薄力粉をまぶす。
2 ボウルにひき肉、玉ねぎ、Aを入れてよく練り混ぜる。
3 耐熱容器にオーブンシートを敷いて、2の½量を入れ、1を並べる。残りの2をのせて押さえる。ふんわりとラップをかけ、電子レンジで8分加熱する。取り出して向きを変えて4分加熱する（竹串を刺して透明な汁が出ればＯＫ）。
4 浮いてきた余分な油をペーパータオルで吸い取り、粗熱を取って切り分ける。
5 耐熱ボウルにBを入れて混ぜ、ふんわりとラップをかけて2分加熱する。4にかける。

サクサクジューシーな味わい

メンチカツ

肉だねしっかりめのボリュームメンチ。パンにはさんでも。

冷蔵2〜3日　冷凍2週間　レンジ+トースターで温める

材料（4〜5回分）

	合いびき肉	350g
	玉ねぎ（みじん切り）	⅙個分
A	卵	1個
A	パン粉	大さじ4
A	塩	小さじ⅓
A	こしょう	少々
B	卵	1個
B	牛乳	大さじ4
B	薄力粉	大さじ4〜6
	薄力粉・パン粉	各適量
	ソース（好みで）・揚げ油	各適量

作り方

1 ボウルにひき肉、玉ねぎ、Aを入れて混ぜ、8〜10等分して厚さ2㎝のだ円に成形する。薄力粉、混ぜ合わせたB、パン粉の順に衣をつける。
2 鍋に揚げ油を170℃に熱し、1を入れる。火を弱めて160℃で5〜6分、途中で上下を返しながら揚げて中まで火を通す。食べるときに好みでソースをかける。

コロコロとした見た目がかわいい

しいたけミートボール

しいたけのうまみがしみて、クセになるおいしさ。

冷蔵2日 | 冷凍2週間 | レンジで温める

材料 （12個分）

豚ひき肉	200g
しいたけ	12枚
片栗粉	適量
A 玉ねぎ（みじん切り）	1/8個分
片栗粉	大さじ1
おろししょうが	小さじ1
しょうゆ・ごま油	各小さじ1
塩	小さじ1/4
こしょう	少々
しょうゆ・練り辛子	各適量

作り方

1 しいたけは石づきを除き、汚れや水けを拭く。かさの裏側に片栗粉を薄くまぶす。

2 ボウルにひき肉、Aを入れてよく練り混ぜ、12等分にして1のかさの裏側にこんもりとつめる。

3 蒸気が上がった蒸し器に2を入れ、中火で10〜12分蒸す。食べるときにしょうゆと練り辛子を添える。

ケチャップをからめて仕上げます

ピーマンの肉づめ焼き

トマトケチャップを煮からめておくと、パサつきません。

冷蔵2日 | 冷凍2週間 | レンジで温める

材料 （8個分）

合いびき肉	300g
ピーマン	4個
A 玉ねぎ（みじん切り）	1/4個分
パン粉	大さじ1と1/2
塩	小さじ1/4
こしょう	少々
薄力粉	適量
トマトケチャップ	大さじ2
サラダ油	小さじ1

作り方

1 ボウルにひき肉、Aを入れてよく練り混ぜる。

2 ピーマンは縦半分に切って種を除き、水けをよく拭いて内側に薄く薄力粉をふる。1を等分につめ、手でしっかりと押さえる。

3 フライパンにサラダ油を中火で熱し、2を肉の面から焼く。弱火にしてふたをし、途中上下を返しながら8〜10分蒸し焼きにする。余分な油を拭き、トマトケチャップを加えて煮からめる。

香味野菜とみそを効かせて

しそねぎ入りひき肉のトースター焼き

肉だねにみそを混ぜておくと風味がよく、さめてもそのまま。

冷蔵2〜3日 冷凍2週間 レンジで温める

材料（12個分）

鶏むねひき肉……350g

A
- 長ねぎ（みじん切り）……¼本分
- 青じそ（せん切り）……8枚分
- 溶き卵……⅓個分
- しょうゆ……大さじ½
- おろししょうが・みそ……各小さじ1
- 片栗粉……大さじ1

白いりごま……大さじ1

作り方

1 ボウルにひき肉、Aを入れてよく練り混ぜる。

2 オーブントースターの天板にくっつかないタイプのアルミホイルを敷き、1を1.5cm厚さに敷きつめる。ホイルの角を少し折り、白いりごまをふる。

3 オーブントースターで10〜15分焼く。粗熱が取れたら12等分に切り分ける。

餃子の皮代わりに大根で包みます

大根餃子

大根から出た水けをしっかり拭くと、水っぽくなりません。

冷蔵2日 冷凍NG レンジで温める

材料（4〜6回分）

豚ひき肉……300g

大根（薄切り）……⅓本分

A
- しょうゆ・片栗粉……各小さじ1
- おろししょうが……小さじ½

長ねぎ（みじん切り）……8cm分

キャベツ（みじん切り）…2〜3枚分

塩・片栗粉・しょうゆ……各適量

ごま油……小さじ½

作り方

1 大根は塩少々をふってしばらくおく。しんなりしたら水けを拭き、片面に片栗粉を薄くまぶす。

2 長ねぎ、キャベツは塩少々をふり、5分おいて水けをしっかり絞る。ボウルに入れ、ひき肉、Aを加えてよく練り混ぜる。1に大さじ1ほどずつのせ、半分に折り包む。

3 フライパンにごま油を中火で熱し、2を焼く。両面に焼き色がついたら、ふたをして6〜8分蒸し焼きにする。食べるときにしょうゆをかける。

トマト缶を使って濃厚仕上げに

キーマカレー

生クリームを牛乳にして、少量の水溶き片栗粉でとろみをつけても。

冷蔵2日　冷凍2週間　レンジで温める

材料（4〜6回分）

合いびき肉……300g
玉ねぎ（みじん切り）……⅔個分
A
- トマト水煮缶（カットタイプ）……¾カップ
- しょうゆ……大さじ1
- カレー粉……小さじ2
- 塩……少々

生クリーム……大さじ3

作り方

1 小鍋に油をひかずにひき肉、玉ねぎを入れて中火で5分ほど炒める。肉の色が完全に変わって玉ねぎが透き通ってきたら、余分な油を拭き取る（フッ素樹脂加工以外の鍋はサラダ油小さじ1を熱してから炒める）。

2 Aを加えて煮立ったら弱火にし、ふたをしてときどき混ぜながら10分煮る。生クリームを加え、ひと煮立ちしたら火を止める。

コンソメを衣に使うのがポイント

チキンナゲット

鶏ひき肉の中でもたんぱく質多めのむねひき肉を使うと◎。

冷蔵2~3日　冷凍2週間　レンジ+トースターで温める

材料（12個分）

鶏むねひき肉……350g
A
- 玉ねぎ（みじん切り）……¼個分
- 溶き卵……½個分
- 塩……小さじ⅕
- こしょう……少々

B
- 薄力粉……大さじ4
- 顆粒コンソメ……小さじ1

トマトケチャップ（好みで）……適量
揚げ油……適量

作り方

1 ボウルにひき肉、Aを入れてよく練り混ぜ、12等分の小判形にまとめる。

2 Bを混ぜ合わせ、1にまぶす。

3 鍋に揚げ油を170℃に熱し、2を4〜6分揚げる。食べるときに好みでトマトケチャップをかける。

ご飯に合うピリ辛中華おかず

マーボーなす

ひき肉は少しかたまりになるように炒めるとつめやすい！

冷蔵2日　冷凍2週間　レンジで温める

材料（4〜6回分）

豚ひき肉……350g
なす……2本
A
　酒……大さじ1
　テンメンジャン（またはみそ）……大さじ1〜1と⅓
　豆板醤……小さじ1
　しょうゆ・砂糖……各大さじ½
　おろししょうが……小さじ½
　鶏ガラスープの素……小さじ1
　水……½カップ
　片栗粉……大さじ½
ごま油……大さじ1

作り方

1 なすは縦半分に切り、さらに横半分に切って1cm幅に切る。さっと水にさらし、水けをしっかりときる。
2 フライパンにごま油を中火で熱し、ひき肉を炒める。肉が2〜3cm大の薄いかたまりになるように、へらで押しつけながら3分焼く。1を加えて3〜4分炒める。
3 なすがしんなりしたら混ぜ合わせたAを加え、とろみがつくまで混ぜながら煮る。

ジューシーな肉汁たっぷり！

シュウマイ

メイン、サブどちらにも使いやすく、作りおくと便利！

冷蔵2日　冷凍2週間　レンジで温める

材料（12個分）

豚ひき肉……300g
玉ねぎ（みじん切り）……¼個分
A
　しょうゆ……小さじ1
　塩……小さじ⅓
　酒……大さじ1
　おろししょうが……小さじ½
　片栗粉……大さじ1
シュウマイの皮……12枚

作り方

1 ボウルにひき肉、玉ねぎ、Aを入れて練り混ぜる。12等分にして丸め、シュウマイの皮にのせて包む。
2 オーブンシートを敷いた蒸し器に1をのせ、中火で12分ほど蒸す。

Column 1

常備しておくと便利！

ちょい足したんぱく質食材

もう少したんぱく質を多くしたい、でもおかずを作る時間はない…。そんなときに役立つのが、調理しなくてもいいたんぱく質多めの食材。常備しておくと役立ちます。

たんぱく質 6.9g (1個分)

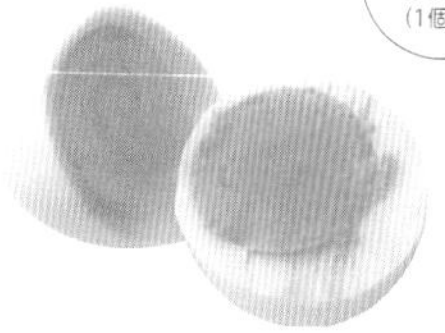

ゆで卵

お弁当の彩りとして重宝するゆで卵は、たんぱく質補強の食材としても活躍します。お弁当にはかたゆでで。

たんぱく質 1.1g (5g1個分)

チーズ

キャンディーチーズやベビーチーズなど、ミニサイズが便利。小腹がすいたときのおやつにも。

たんぱく質 1.9g (1枚分)

たんぱく質 2.3g (1本分)

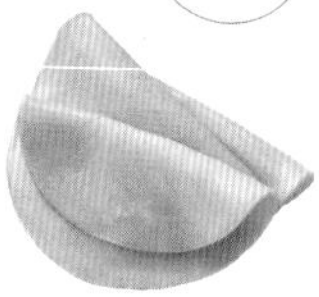

ハム・ソーセージ

日もちするハムやソーセージは、何かと重宝する食材。手軽にたんぱく質アップが叶います。

たんぱく質 8.6g (1本分)

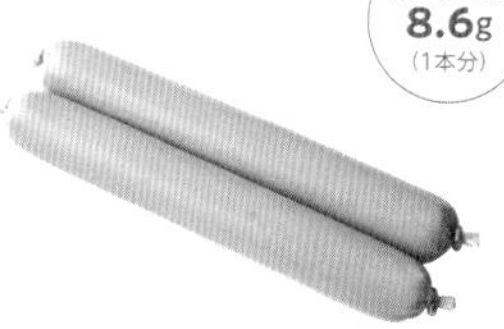

魚肉ソーセージ

魚のすり身が原料の魚肉ソーセージは、そのままでも食べられるので、ちょい足しに便利。炒めてもおいしい。

たんぱく質 2.9g (3切れ分)

たんぱく質 3.6g (3本分)

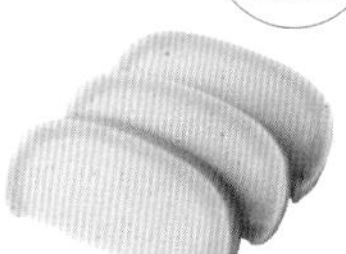

かまぼこ・かに風味かまぼこ

かまぼこ類も魚のすり身が原料。加熱済みなので、冷蔵庫にストックがあるだけで、重宝します。

たんぱく質 2.2g (1本分)

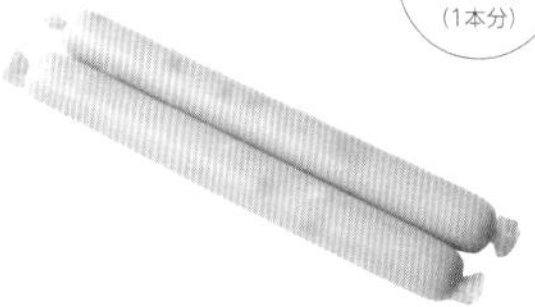

チーズかまぼこ

魚のすり身にチーズを混ぜた練り製品。そのままパクパク食べられるので、添えるだけでもOK。

たんぱく質 4.1g (10g分)

ちりめんじゃこ

野菜とさっとあえたり、ご飯に混ぜたり、用途が広く、比較的日もちするので、常備しておくと役に立ちます。

たんぱく質 1.6g (2g分)

かつお節

ご飯に混ぜたり、おにぎりの具などにも。あえものに混ぜると、余分な水分を吸ううえに香りよく仕上がります。

たんぱく質 1.3g (さやつき20g分)

冷凍枝豆

流水解凍ですぐ使えるのが魅力。混ぜご飯の具のほか、そのまま別容器に入れて箸休めのおかずにしても。

Part2

魚介のおかず

身がやわらかく食べやすい魚のおかず。
肉同様に良質のたんぱく質が含まれ、
とくにまぐろの赤身、かつおは豊富です。
肉に偏らず、魚おかずも積極的に取り入れましょう。

魚介弁当
1

鮭の塩焼き山椒風味弁当

鮭の塩焼きに豚肉、卵を使ったサブおかずを組み合わせると、たんぱく質量は40ｇ超え。
筋トレ中の人にぴったり。ひじきは不足しがちなミネラル源として役立ちます。

その他：小梅1個、青じそ1枚

仕上げにパパッとひとふりするだけで大人味に

鮭の塩焼き山椒風味

冷蔵2~3日　冷凍2週間　レンジで温める

たんぱく質 22.3g
124kcal
糖質 0.1g
1/4量分

高たんぱく
低カロリー

材料 (4～6回分)

生鮭……4切れ
塩・粉山椒……各少々

作り方

1 下味をつける
鮭は半分に切り、水けを拭く。塩を両面にまぶして5分ほどおき、水けが出たら拭く。

2 グリルで焼く
魚焼きグリルを予熱し、1を6分ほど火が通るまで焼く(片面焼きの場合は途中で上下を返す。フライパンにくっつかないタイプのアルミホイルを敷いて焼いてもOK)。熱いうちに粉山椒をふる。

おかずポイント

調味料は塩と粉山椒だけ。鮭のうまみを生かしたさわやかな香りでおいしく食べられます。オーブンで焼いても。

作りおきでアレンジ

ほぐし鮭と枝豆の混ぜご飯おにぎり

ほぐした鮭と枝豆を混ぜた、かわいい春色おにぎり。枝豆はストックしておける手軽なたんぱく源です。

1回分
たんぱく質15.7g／305kcal／糖質52.2g

材料 (1回分)

鮭の塩焼き山椒風味……½切れ分
温かいご飯……茶碗1杯分(150g)
冷凍枝豆(解凍してさやから出し、水けを拭く)……4さや分

作り方

1 鮭は骨と皮を除いてほぐす。
2 ご飯に、1、枝豆を混ぜる。ラップで包んでおにぎりにする。

魚介弁当
2

たらのムニエル弁当

バターで風味よく焼いたムニエルと、ひき肉たっぷりのシュウマイ。ダブルメインで食べごたえ十分！　サブおかずはさっぱりしたポン酢味でバランスをとって。

バターとパセリの香りが食欲をそそります

たらのムニエル

冷蔵2日 冷凍2週間 レンジで温める

たんぱく質 18.0g
134kcal
糖質 3.8g
1/4量分

低カロリー

材料（4〜6回分）

生たら	4切れ
塩・こしょう	各少々
薄力粉	適量
バター	10g
パセリ（みじん切り）	小さじ1
オリーブ油	大さじ1

作り方

1 下味をつける

たらは半分に切り、水けを拭いて、塩、こしょう、薄力粉をまぶす。

2 フライパンで焼く

フライパンにオリーブ油を中火で熱し、皮の面を下にして並べ、3〜4分焼く。上下を返してさらに2〜3分焼いて火を通す。

3 仕上げる

バターを加えて溶かし、パセリをふってからめる。

おかずポイント

身がやわらかく淡泊なたらは、ムニエルにぴったり。パセリは生を刻むといい香りのアクセントに。好みでレモンを添えても。

作りおきでアレンジ

たらのピザ風ベーコンチーズ焼き

ミックスベジタブルをのせたカラフルおかず。チーズを散らして、たんぱく質もボリュームもアップ。

1回分
たんぱく質 23.8g ／ 232kcal ／ 糖質5.3g

材料（1回分）

たらのムニエル	¼量
トマトケチャップ	小さじ1
溶けるチーズ	20g
冷凍ミックスベジタブル	大さじ2
ベーコン（1cm幅に切る）	¼枚分

作り方

たらをくっつかないタイプのアルミホイルにのせる。トマトケチャップ、溶けるチーズ、ミックスベジタブル、ベーコンの順にのせて、オーブントースターでチーズが溶けるまで焼く。

魚介弁当
3

かじきとベーコンのカレー炒め弁当

ほどよい脂質があり、ビタミンDもとれるかじきをカレー粉でスパイシーに仕上げました。
食べごたえのある厚揚げの肉巻きはみそ味。どちらも白いご飯がすすみます。

たんぱく質
37.3g
589kcal
糖質 58.0g

厚揚げの肉巻きみそ照り焼き → P.149
1本

ご飯 150g

かじきとベーコンのカレー炒め
1/4量

スナップえんどうとかまぼこのおかかしょうゆあえ
→ P.170 1/6量

その他：リーフレタス適量、ミニトマト1個、黒いりごま

肉にも負けないボリューム感！

かじきとベーコンのカレー炒め

たんぱく質 20.4g

193kcal

糖質 0.4g

1/4量分

高たんぱく

冷蔵2日　冷凍2週間　レンジで温める

材料（4〜6回分）

	めかじき	4切れ
	ベーコン（2㎝幅に切る）	2枚分
A	酒	大さじ1
A	顆粒コンソメ	小さじ½
A	カレー粉	小さじ1
A	塩	少々
	オリーブ油	大さじ½

作り方

1 魚を切る

めかじきは1切れを4等分程度に、四角に切る。

2 フライパンで炒める

フライパンにオリーブ油を中火で熱し、1、ベーコンを入れる。ときどき上下を返しながら4分ほど炒める。

3 調味する

Aを加えて炒め合わせる。

おかずポイント

さっぱりしたかじきは、うまみのあるベーコンと炒めるとコクが出ておいしい。ベーコンはハムに替えてもOK。

作りおきでアレンジ

かじきのカレークリーム煮

生クリームが少量余ったときに使えるアレンジテク。しめじを入れると食物繊維もとれます。

1回分

たんぱく質 22.6g／330kcal／糖質1.6g

材料（1回分）

かじきとベーコンのカレー炒め	¼量
しめじ（ほぐす）	30g
生クリーム	大さじ2
粉チーズ	小さじ1
粗びき黒こしょう	適量

作り方

かじきとベーコンのカレー炒め、しめじを小鍋に入れ、生クリーム、粉チーズを加えて中火で静かに混ぜながら煮る。粗びき黒こしょうをふる。

魚介弁当
4

ぶり大根弁当

やさしい味の煮ものが食べたくなったらこれ。定番のぶり大根に卵焼きや青菜のおかずを添えた、懐かしさのある純和風弁当です。ぶり大根は水分が多いので、汁をよくきってからつめて。

時間をおいて味がしみた大根がおいしい

ぶり大根

冷蔵2~3日　冷凍NG　レンジで温める

たんぱく質 18.0g
216kcal
糖質 4.8g
1/4量分

材料（4～6回分）

- ぶり……4切れ
- 大根（1㎝厚さの半月～いちょう切り）……⅓本分
- A
  - だし汁……¾～1カップ
  - しょうゆ・酒・みりん……各大さじ2
  - 砂糖……大さじ½
  - おろししょうが……小さじ½

作り方

1 魚の下処理をする
ぶりは水けを拭き、1切れを3～4等分に切る。

2 大根を煮る
鍋にA、大根を入れて火にかけ、煮立ったら弱火にしてふたをし、10分ほど煮る。

3 魚を加えて煮る
ぶりを加えてさらに10分ほど煮る。途中一度静かに上下を返しながら混ぜる。そのままさまして味をしみ込ませる。

おかずポイント

調味料を入れて煮込んだら、そのまましばらくおいてさまします。こっくり味がしみて、時間をおくほどおいしい。

作りおきでアレンジ

1回分
たんぱく質 18.5g ／ 234kcal ／ 糖質5.1g

ピリ辛ぶり大根

コチュジャンでうまみと辛みを加えたパンチのあるおかず。シャキシャキの長ねぎがアクセント。

材料（1回分）

- ぶり大根……¼量
- 水……¼カップ
- コチュジャン……小さじ⅔～1
- 長ねぎ（みじん切り）……大さじ1

作り方

鍋にすべての材料を入れて中火で2～3分煮る。

魚介弁当
5

さばの竜田揚げ弁当

抗酸化作用のあるDHA、EPAを豊富に含むさば。竜田揚げにすると青魚のクセもやわらぎ、おいしく食べられます。サブおかずは、甘みや酸味のある味で変化をつけて。

たんぱく質
28.7g
653kcal
糖質 66.3g

ゆで卵とブロッコリーの梅マヨ焼き → P.143
1個

おにぎり
（ご飯 150g）

かぼちゃの鶏そぼろ煮 → P.180
1/6量

さばの竜田揚げ
1/4量

その他：ミニトマト2個、レモン適量

好みでレモンを絞るのもおすすめ

さばの竜田揚げ

冷蔵2日　冷凍2週間　レンジ＋トースターで温める

たんぱく質 13.3g
212kcal
糖質 7.8g
1/4量分

材料 (4～6回分)

さば(三枚おろし)	1尾分
A しょうゆ・酒	各大さじ1
A おろししょうが	小さじ1
片栗粉	大さじ4
揚げ油	適量

作り方

1 魚の下処理をする
さばは水けをよく拭き、骨を除いて1枚を3～4等分に切る。

2 下味をつける
Aを軽くもみ込み、片栗粉をしっかりとまぶす。

3 油で揚げる
鍋に揚げ油を170℃に熱し、2を入れて3～4分揚げる。

おかずポイント

くさみ消しのおろししょうがを下味に入れるのがコツ。片栗粉は揚げる直前につけ、余分な粉をはたくとカラリと揚がります。

作りおきでアレンジ

さばサンド

1回分
たんぱく質 22.7g ／ 595kcal ／ 糖質51.7g

材料 (1回分)

さばの竜田揚げ	¼量
食パン(8枚切り)	2枚
バター	適量
サラダ菜	適量
玉ねぎ(薄切り)	20g
にんじん(せん切り)	30g
レモン(薄切り)・マヨネーズ・マスタード・香菜	各適量

作り方

1 パンの片側にバターをぬる。玉ねぎは水にさらして水けを絞る。
2 サラダ菜、さばの竜田揚げ、玉ねぎ、にんじん、レモン、マヨネーズ、マスタード、香菜をはさむ。
3 ラップで包んで冷蔵室で20分ほどなじませてから、半分に切る。

竜田揚げはサンドイッチの具にしてもおいしい。野菜をたっぷり入れるとボリュームが出ます。

魚介弁当 6

まぐろのハーブパン粉焼き弁当

カロリー低めの洋風弁当は、女性やダイエット中の人にもおすすめ。筋肉の合成を促進する必須アミノ酸のロイシンを含むまぐろ、卵など、優秀なたんぱく源ぞろいです。

その他：ゆで卵 1/2 個、ミニトマト 1 個、サラダ菜・レモン各少々

チーズとハーブの入ったパン粉で風味アップ

まぐろのハーブパン粉焼き

冷蔵2日　冷凍2週間　トースター＋レンジで温める

たんぱく質 28.9g
229kcal
糖質 7.1g
1/4量分

高たんぱく

材料（4〜6回分）

まぐろ（刺身用・さく）	400g
塩・こしょう	各少々
薄力粉	適量
溶き卵	1個分
A パン粉	½カップ
A 粉チーズ	大さじ2
A ドライハーブ（好みのもの）	小さじ1
オリーブ油	大さじ2

作り方

1 下味と衣をつける

まぐろは1〜1.5㎝厚さに切る（やや斜めにして大きめに切る）。塩、こしょう、薄力粉、溶き卵、混ぜ合わせたAの順にまぶして衣をつける。

2 じっくり揚げ焼きにする

フライパンにオリーブ油大さじ1を弱火で熱し、1を並べる。ふたをして3分ほど焦がさないように焼き、上下を返す。空いているところにオリーブ油大さじ1を足して全体に広げ、同様にふたをして3分ほど焼き、中まで火を通す。

おかずポイント

まぐろは火の通りが早いので、焼くのも簡単。少ない油で焦がさないように弱火でじっくり焼くと、サクサクの衣に。

作りおきでアレンジ

まぐろのハーブパン粉焼きのせシーザーサラダ

1回分
たんぱく質 31.7g ／ 363kcal ／ 糖質8.6g

材料（1回分）

まぐろのハーブパン粉焼き	3切れ
レタス（ちぎる）	1〜2枚分
ミニトマト（半分に切る）	2個分
プロセスチーズ（切れているタイプ・6等分に切る）	2枚分
好みのドレッシング（市販）	適量

作り方

器にレタス、ミニトマト、チーズを盛り、半分に切ったまぐろのハーブパン粉焼きをのせる。食べるときにドレッシングをかける。

小さく切り、サラダのトッピングにしても。カリッとした食感がアクセントになります。

魚介弁当
7

えびとそら豆の中華風塩炒め弁当

お弁当を華やかにしてくれるえびの炒めものに、肉巻きゆで卵を組み合わせてたんぱく質量をアップ。
さっぱりしたポン酢あえは、箸休め。きれい色のおかずが食欲をそそります。

その他：昆布つくだ煮・ラディッシュ各適量

プリプリのえびとそら豆の食感が好相性

えびとそら豆の中華風塩炒め

たんぱく質
21.9g
139kcal
糖質 4.7g
1/4量分

高たんぱく
低カロリー

冷蔵2日　冷凍2週間　レンジで温める

材料（4～6回分）

えび（殻つき）	20尾（500g）
そら豆（ゆでてさやから出す）	100g
塩・こしょう	各少々
片栗粉	大さじ1
A　鶏ガラスープの素・しょうゆ	各小さじ1
A　おろしにんにく	小さじ⅓
A　塩・こしょう	各少々
ごま油	大さじ1

作り方

1 えびの下処理をする

えびは殻、背わたを除き、塩（分量外）でもんで洗い流し、水けをしっかり拭く。塩、こしょう、片栗粉をまぶす。

2 フライパンで炒める

フライパンにごま油を中火で熱し、1を2分ほど炒める。えびの色が変わってきたら、そら豆を加えて2～3分炒める。

3 調味する

Aを加え、炒め合わせる。

＊冷凍そら豆を使う場合は、解凍してさや（薄い皮）から出す。

おかずポイント

早く火が通るお手軽な一品。そら豆は冷凍でもよいですが、生のものが出回る春は生で作るとさらにおいしい。

作りおきでアレンジ

えびと厚揚げ、そら豆のオイスターソース炒め

植物性たんぱく質の厚揚げで、たんぱく質バランスのいいおかずに。かさまし効果も！

1回分
たんぱく質 30.8g ／ 258kcal ／ 糖質5.6g

材料（1回分）

えびとそら豆の中華風塩炒め	¼量
厚揚げ（1cm厚さ×2cm四方に切る）	80g
オイスターソース	小さじ½～1

作り方

フライパンにえびとそら豆の中華風塩炒めと厚揚げを入れて炒め合わせ、オイスターソースを加えて煮からめる。

魚介弁当

8

カリカリ魚肉ソーセージロール弁当

子どもも好きな魚肉ソーセージを食パンで巻き、メインと主食を兼ねる一品に。鶏肉おかずも入って、お腹いっぱい間違いなしです。ブロッコリーはチーズであえてたんぱく質をプラス。

たんぱく質 39.5g
516kcal
糖質 24.7g

ブロッコリーの
クリームチーズあえ
→ P.159 1/4量

鶏肉の
タンドリーチキン風
→ P.41 1/6量

カリカリ魚肉ソーセージロール
2.5本

その他：ミニトマト1個、みかん1/2個

しっとりとしたパンがおいしい！

カリカリ魚肉ソーセージロール

冷蔵1~2日　冷凍1週間　レンジで温める

たんぱく質 14.2g
271kcal
糖質 14.8g
2本分

材料 (8本分)

魚肉ソーセージ(半分の長さに切る)		4本分
サンドイッチ用食パン		8枚
A	卵	1個
	牛乳	大さじ2
	粉チーズ	大さじ1
	塩・こしょう	各少々
トマトケチャップ・マスタード(好みで)		各適量
オリーブ油		大さじ1～2

作り方

1 下準備をする
Aは混ぜ合わせる。

2 ソーセージロールを作る
食パンで魚肉ソーセージを巻いて、巻き終わりにAを少しぬってしっかりと留め、ラップで包んで10分ほどおく。同様に8本作る。

3 フライパンで焼く
フライパンにオリーブ油を中火で熱し、2のラップをはずしてAにくぐらせてから、巻き終わりを下にして並べる。弱火にしてふたをし、ときどき転がしながら火が通るまで5分ほど焼く。食べるときに好みでケチャップ、マスタードをつける。

おかずポイント

魚肉ソーセージを芯にして、サンドイッチ用の食パンでくるくる巻いて焼くだけ。軽食、補食にもおすすめです。

作りおきでアレンジ

魚肉ソーセージロールのパングラタン風

1人分のアレンジには個包装の市販のホワイトソースが便利。グラタン風も手軽に楽しめます。

1回分
たんぱく質 20.6g ／ 418kcal ／ 糖質18.6g

材料 (1回分)

カリカリ魚肉ソーセージロール	2本
冷凍ミックスベジタブル(冷凍)	大さじ2～3
ホワイトソース(市販)	70g
溶けるチーズ	20g

作り方

1 カリカリ魚肉ソーセージロールは2㎝幅に切り、アルミホイルに並べる。

2 解凍したミックスベジタブルをのせてホワイトソース、溶けるチーズをかけ、オーブントースターでチーズが溶けるまで焼く。

鮭

老化防止も期待できるスーパーフィッシュ。

野菜もたっぷり。甘酢でさっぱり仕上げます

鮭の南蛮漬け

つめるときはペーパータオルで汁けを除くか、別容器に入れて。

冷蔵2~3日　冷凍NG　そのままつめる

材料（4～6回分）

- 生鮭……4切れ
- 玉ねぎ（薄切り）……⅓個分
- にんじん（せん切り）……⅓本分
- 塩・こしょう……各少々
- 薄力粉……適量
- A
  - 酢・砂糖……各大さじ2と½
  - しょうゆ……大さじ2
  - 塩……小さじ¼
  - 赤唐辛子（小口切り）……ひとつまみ
  - だし汁……½カップ
- サラダ油……大さじ2

作り方

1 鮭は水けを拭いて1切れを4等分に切り、塩、こしょう、薄力粉の順にまぶす。

2 フライパンにサラダ油を中火で熱し、1を片面2～3分ずつ焼く。

3 余分な油を拭き、玉ねぎ、にんじんを加えて40秒～1分さっと炒める。Aを加えてひと煮立ちしたら、火を止める。すぐに保存容器に移してさます。

お好みでソースやレモンを添えてどうぞ

サーモンフライ

ジューシーな鮭のうまみを封じ込めたボリュームおかず。

冷蔵2日　冷凍2週間　レンジ+トースターで温める

材料（4～6回分）

- 生鮭……4切れ
- 塩・こしょう……各少々
- 薄力粉・溶き卵・パン粉……各適量
- ソース・レモン（好みで）……各適量
- 揚げ油……適量

作り方

1 鮭は水けを拭いて皮と骨を取り、1切れを3～4等分に切る。塩、こしょう、薄力粉、溶き卵、パン粉の順にまぶして衣をつける。

2 鍋に揚げ油を170℃に熱して1を入れ、途中上下を返しながら4～5分揚げる（衣が固まるまでは触らない）。食べるときに好みでソースやレモンをかける。

こってりみそ味でご飯がすすみます

鮭とエリンギの甘みそ炒め

エリンギの食感が加わって、食べごたえのあるおかずに。

冷蔵2日　冷凍2週間　レンジで温める

材料（4～6回分）

生鮭……4切れ
エリンギ……2本
薄力粉……適量
A
- みそ……大さじ1と½
- しょうゆ・砂糖……各小さじ1
- 酒・みりん……各大さじ1
- おろししょうが……小さじ½

サラダ油……大さじ½

作り方

1 鮭は水けを拭いて1切れを4等分に切り、薄力粉をまぶす。エリンギは長ければ半分、太ければ太さを半分に切り、5mm厚さに切る。
2 フライパンにサラダ油を中火で熱し、1を入れる。ふたをして弱火で3～4分焼き、鮭は上下を返してきのこは混ぜ、同様に3～4分焼く。
3 余分な油を拭いて、Aを加えて煮からめる。

子どもも好きなケチャップ味

鮭の甘酢ケチャップ炒め

鮭は粉をまぶしてから焼くと、時間をおいてもパサつきません。

冷蔵2日　冷凍2週間　レンジで温める

材料（4～6回分）

生鮭……4切れ
玉ねぎ（1cm幅のくし形切り）……½個分
薄力粉……適量
A
- トマトケチャップ……大さじ1と½
- 酢・砂糖……各大さじ2
- しょうゆ・酒……各大さじ1
- 鶏ガラスープの素……小さじ½
- 水……¼カップ
- 片栗粉……小さじ1

サラダ油……大さじ1

作り方

1 鮭は水けを拭いて1切れを2～3等分に切り、薄力粉をまぶす。
2 フライパンにサラダ油を中火で熱し、1、玉ねぎを入れる。ふたをして弱火で3～4分焼き、上下を返して同様にして3～4分焼く。
3 余分な油を拭いて、混ぜ合わせたAを加える。鮭をくずさないように静かに混ぜながら、とろみがつくまで中火で煮からめる。

ハーブはパセリ、バジルなどお好みのもので

鮭の粉チーズパン粉焼き

パン粉を少なめにして粉チーズをプラス。たんぱく質もアップ！

冷蔵2日 | 冷凍2週間 | レンジで温める

材料 (4〜6回分)

- 生鮭……4切れ
- 塩・こしょう……各少々
- 溶き卵……1個分
- A
  - パン粉・粉チーズ……各大さじ2と½
  - ドライハーブ(好みのもの)……大さじ½
- トマトケチャップ(好みで)……適量
- オリーブ油……大さじ1

作り方

1 鮭は水けを拭いて2〜3等分に切り、塩、こしょうをふる。溶き卵、混ぜ合わせたAの順にまぶす。

2 フライパンにオリーブ油を中火で熱し、1を入れる。両面に焼き色がついたら、ふたをして弱火で5〜7分蒸し焼きにする。食べるときに好みでケチャップをかける。

ぶり、たい、さわらなどでもおいしくできます

鮭の塩麹&しょうゆ漬け焼き

塩麹の効果でさめてもしっとりやわらかく、おいしさキープ。

冷蔵2日 | 冷凍2週間 | レンジで温める

材料 (4〜6回分)

- 生鮭……4切れ
- A
  - 塩麹……大さじ2
  - しょうゆ……大さじ1
  - 酒……大さじ½
  - おろししょうが……小さじ½

作り方

1 鮭は水けを拭いて1切れを半分に切る。保存袋にAを混ぜ合わせ、鮭を加えてなじませ、2時間以上漬け込む。

2 1の漬けだれを軽くぬぐい、くっつかないタイプのアルミホイルにのせる。オーブントースターか魚焼きグリルで10分ほど焼く。

鮭に野菜の自然な甘みが移っておいしい！

鮭の白ワイン蒸し

野菜もたっぷり。つめるときは、汁けをしっかりきって。

冷蔵2日　冷凍2週間　レンジで温める

材料（4〜6回分）

- 生鮭……4切れ
- 塩・こしょう……各適量
- 玉ねぎ（薄切り）……½個分
- セロリ（せん切り）……8cm分
- にんじん（せん切り）……¼本分
- バター……5g
- 白ワイン（なければ酒）……大さじ2
- A マヨネーズ……大さじ3
- A レモン汁……小さじ1

作り方

1 鮭は水けを拭いて1切れを半分に切り、塩、こしょうを強めにふる。

2 フライパンにバターを中火で熱し、1を並べ、空いているところに野菜を入れる。白ワインを加えて沸騰させ、ふたをして4〜5分蒸し焼きにする。塩、こしょう各少々で味をととのえ、食べるときに混ぜ合わせたAをかける。

レモンを絞ってさっぱりいただけます

鮭のねぎま風串焼き

フライパンで蒸し焼きにするだけだから簡単。

冷蔵2日　冷凍2週間　レンジで温める

材料（12本分）

- 生鮭……4切れ
- 長ねぎ（3cm長さのぶつ切り）……1本分
- 塩・粗びき黒こしょう……各少々
- レモン（くし形切り）……½個分
- サラダ油……小さじ1

作り方

1 鮭は水けを拭いて皮と骨を除き、1切れを2.5cm角程度の大きさに切る。

2 竹串に長ねぎと鮭を交互に刺す。12本作る。

3 フライパンにサラダ油を中火で熱して2を入れる。ふたをして弱火にし、ときどき上下を返しながら6〜9分蒸し焼きにする。塩、粗びき黒こしょうで味をととのえ、つめるときにレモンを添える。

たら

低脂質、高たんぱくな魚。淡泊な味わいで魚が苦手な人にも！

たれをトマトケチャップに替えても

たらのエスニックハンバーグ

魚は市販のすり身を使ってもOK。

冷蔵2日　冷凍2週間　レンジで温める

材料（8個分）

- 生たら……5切れ
- 玉ねぎ（みじん切り）……⅙個分
- A
  - 卵……1個
  - パン粉……大さじ4
  - 塩・こしょう……各少々
- B
  - 水……¼カップ
  - ナンプラー……大さじ1
  - スイートチリソース……小さじ1
  - 片栗粉……小さじ½
- サラダ油……小さじ1

作り方

1. たらは皮と骨を除き、フードプロセッサーですり身にする。玉ねぎ、Aを加えてよく混ぜ合わせ、8等分のだ円形にまとめる。
2. フライパンにサラダ油を中火で熱し、1を並べる。ふたをして弱火にし、3～4分焼く。上下を返し、同様にして3～4分焼いて火を通す。
3. 混ぜ合わせたBを加え、軽く混ぜながらとろみがつくまで煮る。

ホッとするやさしい和風味

たらといんげんの煮もの

さましている間に味がしみます。主菜にしても、副菜にしても。

冷蔵2日　冷凍2週間　レンジで温める

材料（4～6回分）

- 生たら……4切れ
- さやいんげん（長さを3～4等分に切る）……15～17本（100g）
- 片栗粉……適量
- A
  - だし汁……¾～1カップ
  - しょうゆ・みりん・酒……各大さじ1
  - おろししょうが……小さじ⅓
  - 塩……少々

作り方

1. たらは水けを拭いて1切れを3～4等分に切り、片栗粉を薄くまぶす。
2. 鍋にAを入れて中火にかけ、煮立ったら1、いんげんを入れる。弱火にして落としぶたをし、5分ほど煮る。そのままさまして味をしみ込ませる。

魚のクセを感じさせない驚きのおいしさ！

たらのマヨネーズフリッター

衣にマヨネーズを使うと、ふんわりした仕上がりに。

冷蔵2日　冷凍2週間　レンジ+トースターで温める

材料（4〜6回分）

生たら		4切れ
塩・こしょう		各少々
薄力粉		適量
A	薄力粉	大さじ6
	水	大さじ2と½〜3
	マヨネーズ	大さじ1と½
	パセリ（みじん切り）	大さじ1
トマトケチャップ・揚げ油		各適量

作り方

1 たらは水けを拭き、皮と骨を除いて3等分に切り、塩、こしょう、薄力粉をふる。
2 Aは混ぜ合わせる。
3 鍋に揚げ油を170℃に熱し、1を2にくぐらせて入れる。表面がカリッとするまで4〜5分、途中上下を返して揚げる。食べるときにトマトケチャップをかける。

にんじんとピーマンで彩りよく仕上げて

たらの中華炒め

片栗粉でとろみをつけると、さめても水っぽくなりません。

冷蔵2日　冷凍2週間　レンジで温める

材料（4〜6回分）

生たら		4切れ
にんじん（せん切り）		⅕本分
ピーマン（せん切り）		1と½個分
塩・こしょう		各少々
酒		大さじ1
A	水	¼カップ
	鶏ガラスープの素・片栗粉	各小さじ1
	おろしにんにく	小さじ½
	塩・こしょう	各少々
ごま油		大さじ1

作り方

1 たらは水けを拭き、皮と骨を除いて3等分に切り、塩、こしょうをふる。
2 フライパンにごま油を中火で熱し、1を並べ、空いているところに野菜を入れる。たらの両面が焼けたら、酒をふってふたをし、弱火で3〜4分蒸し焼きにする。
3 混ぜ合わせたAを加え、たらをくずさないように炒め合わせる。

かじき

たんぱく質は100g中19.2g。良質な脂も含まれます。

とろみのあるチリソースでいつまでもしっとり

かじきのチリソース風炒め

豆板醤やしょうがを効かせてうまみたっぷりに仕上げます。

冷蔵2日　冷凍2週間　レンジで温める

材料 (4～6回分)

めかじき……4切れ
長ねぎ(小口切り)……½本分
塩・こしょう……各少々
片栗粉……適量
A
- 水……½カップ
- トマトケチャップ・酒……各大さじ2
- 砂糖・しょうゆ……各小さじ2
- 片栗粉……小さじ2
- 酢・豆板醤……各大さじ½
- おろししょうが・鶏ガラスープの素……各小さじ½

ごま油……大さじ½

作り方

1 めかじきは水けを拭いて1切れを細長く3～4等分に切り、塩、こしょう、片栗粉を薄くまぶす。
2 フライパンにごま油を中火で熱し、1、長ねぎを入れる。ときどき混ぜながら3～4分炒める。
3 混ぜ合わせたAを加え、めかじきをくずさないように軽く混ぜながら、とろみがつくまで煮る。

かじきは淡泊なのでしっかりめに味つけして

かじきのガーリックバターソテー

刻みパセリをたっぷり加えると、風味がアップ。

冷蔵2日　冷凍2週間　レンジで温める

材料 (4～6回分)

めかじき……4切れ
にんにく(みじん切り)……1片分
バター……8g
A
- パセリ(みじん切り)・酒・水……各大さじ1
- しょうゆ……小さじ2

作り方

1 めかじきは水けを拭き、半分に切る。
2 フライパンにバター4gを中火で熱して1を入れ、ふたをして2～3分蒸し焼きにする。上下を返し、にんにくを加えて軽く混ぜ、ふたをして2～3分焼く。
3 残りのバター、Aを加え、ひと混ぜして味をととのえる。

パン弁当にもぴったりの洋風おかず

かじきのクリーム煮

クリームソースでコーティングされて、しっとりおいしい。

冷蔵2日 冷凍2週間 レンジで温める

材料 (4～6回分)

めかじき……4切れ
玉ねぎ(薄切り)……⅓個分
マッシュルーム(5㎜厚さに切る)……4個分
塩・こしょう……各少々
薄力粉……適量
A バター……15g
A 薄力粉……大さじ1
B 牛乳……½カップ
B 顆粒コンソメ……小さじ½
B 塩・こしょう……各少々
粗びき黒こしょう……適量
オリーブ油……小さじ1

作り方

1. めかじきは水けを拭いて1切れを4等分に切り、塩、こしょう、薄力粉をまぶす。Aは混ぜておく。
2. フライパンにオリーブ油を中火で熱し、めかじき、玉ねぎ、マッシュルームを入れる。ときどき混ぜながら2～3分炒める。
3. B、Aの順に加え、めかじきをくずさないよう、とろみがつくまで静かに混ぜながら煮る。粗びき黒こしょうをふる。

ザクザクとしたピーナッツの食感が楽しい！

かじきのピーナッツみそ焼き

オーブントースターで気軽に作れるので、ぜひお試しを。

冷蔵2日 冷凍2週間 レンジで温める

材料 (4～6回分)

めかじき……4切れ
A 長ねぎ(みじん切り)……8㎝分
A ピーナッツ(刻む)……15g
A みそ……大さじ1と½
A 砂糖……小さじ1
A おろししょうが……小さじ⅓

作り方

1. めかじきは水けを拭き、1切れを3～4等分に切る。
2. Aを混ぜ合わせ、1にぬる。
3. オーブントースターの天板にくっつかないタイプのアルミホイルを敷いて2をのせ、焼き色がついて火が通るまで8～10分焼く。

ぶり

たんぱく質はもちろん、EPAやDHA、ビタミン類も豊富。

ちょっとピリ辛の中華風おかず

ぶりとしめじのオイスターソース炒め

しめじを加えると、食物繊維もしっかりとれます。

冷蔵2日　冷凍2週間　レンジで温める

材料（4〜6回分）

ぶり……4切れ
しめじ（石づきを取りほぐす）……1パック分（100g）
薄力粉……適量
A
- オイスターソース……大さじ1と½
- 酒……大さじ1
- 赤唐辛子（輪切り）……ひとつまみ
- おろししょうが……小さじ½

ごま油……大さじ½

作り方

1 ぶりは水けを拭いて皮を取り、1切れを3〜4等分に切って薄力粉をまぶす。
2 フライパンにごま油を中火で熱し、1、しめじを入れる。ふたをし、途中軽く上下を返しながら3〜4分炒める。Aを加えて煮からめる。

ナンプラーを使って味のマンネリ防止に

ぶりのエスニック炒め

材料はぶりと玉ねぎだけ。さっと炒めて手早く作れます。

冷蔵2日　冷凍2週間　レンジで温める

材料（4〜6回分）

ぶり……4切れ
玉ねぎ（薄切り）……⅓個分
こしょう……少々
A
- 酒・ナンプラー・水……各大さじ1
- 片栗粉……小さじ½

レモン（いちょう切り）・ドライ香菜（各好みで）……各適量
サラダ油……小さじ1

作り方

1 ぶりは水けを拭いて皮を取り、1切れを3〜4等分に切ってこしょうをまぶす。
2 フライパンにサラダ油を中火で熱し、1、玉ねぎを入れる。ふたをして途中軽く上下を返しながら、3〜4分炒める。
3 混ぜ合わせたAを加えて煮からめ、好みでレモン、ドライ香菜を散らす。

たっぷりのせん切り野菜を添えて

ぶりのから揚げ甘酢あんかけ

彩りきれいな魚おかず。汁けを軽くきってからつめます。

冷蔵2日　冷凍2週間　レンジで温める

材料 (4～6回分)

ぶり	4切れ
にんじん(せん切り)	¼本分
黄パプリカ(せん切り)	各¼個分
ピーマン(せん切り)	1個分
A しょうゆ	大さじ1
A 酒	大さじ1と½
A おろししょうが	小さじ½
片栗粉	適量
B しょうゆ	大さじ1と⅓
B 砂糖・酢	各大さじ1
B 片栗粉	小さじ1
B だし汁	⅔カップ
揚げ油	適量

作り方

1 ぶりは水けを拭き、皮を取って1切れを4等分に切る。Aをもみ込み、片栗粉をまぶす。

2 鍋に揚げ油を170℃に熱し、1を3～4分揚げる。油をきり、保存容器に移す。

3 フライパンにBを順に入れてそのつど混ぜながら中火にかける。にんじん、パプリカ、ピーマンを加えて混ぜながらとろみをつけ、2にかける。

定番のご飯がすすむ甘辛味

ぶりの照り焼き

粉をふって焼くと、たれがしっかりからみます。

冷蔵2日　冷凍2週間　レンジで温める

材料 (4～6回分)

ぶり	4切れ
薄力粉	適量
A しょうゆ	大さじ1と½
A 酒・みりん	各大さじ1
A 砂糖	小さじ1
A おろししょうが	小さじ½
サラダ油	小さじ1

作り方

1 ぶりは水けを拭いて1切れを半分に切り、薄力粉を薄くまぶす。

2 フライパンにサラダ油を中火で熱し、1を並べる。ふたをし、2～3分焼いて焼き目をつける。上下を返してふたをし、さらに2～3分焼く。

3 余分な油を拭き取り、混ぜ合わせたAを加えて煮からめる。

さば

野菜と合わせたり、炒めものや煮ものに大活躍。

きのこで食物繊維もプラスします

塩さばときのこのマリネ

つめるときは、ペーパータオルで汁けをしっかり取ります。

冷蔵2日　冷凍NG　そのままつめる

材料（4〜6回分）

- 塩さば（三枚おろし）……1尾分
- 玉ねぎ（薄切り）……⅓個分
- しいたけ（軸を除き5㎜幅に切る）……4枚分
- マッシュルーム（5㎜幅に切る）……4個分
- A
  - オリーブ油……大さじ2と½
  - 酢……大さじ2
  - 粒マスタード（あれば）……小さじ1
  - 塩……小さじ¼
  - 砂糖……小さじ½
  - 粗びき黒こしょう……適量

作り方

1. さばは水けを拭いて骨を除き、1枚を4〜5等分に切る。玉ねぎは耐熱容器に並べ、ふんわりとラップをかけて電子レンジで30秒ほど加熱する。水にさらし、ペーパータオルに包んで水けを絞る。
2. くっつかないタイプのアルミホイルにさば、きのこを並べ、魚焼きグリルで7〜8分（オーブントースターやオーブンでもOK）火が通るまで焼く。途中きのこが焦げそうなときはアルミホイルをかぶせる。
3. 混ぜ合わせたAに玉ねぎ、2を漬ける。

パンにはさんでもおいしい

さばとにんじんのケチャップ炒め

にんじんもたっぷり入って、美肌効果もバツグン。

冷蔵2日　冷凍2週間　レンジで温める

材料（4〜6回分）

- 生さば（三枚おろし）……1尾分
- にんじん（せん切り）……½本分
- 塩・こしょう……各少々
- 薄力粉……大さじ1
- A
  - トマトケチャップ・酒・水……各大さじ2
  - しょうゆ……小さじ½
- 粉チーズ（好みで）……大さじ1
- オリーブ油……大さじ½

作り方

1. さばは水けを拭いて骨を除き、1枚を4〜5等分に切る。塩、こしょう、薄力粉をまぶす。
2. フライパンにオリーブ油を中火で熱し、1、にんじんを入れる。さばは途中上下を返しながら4〜5分炒める。
3. Aを加えて炒め合わせ、好みで粉チーズをかける。

しっかり味でさめてもおいしい

さばのみそ煮

煮汁につけて保存すると味がしみて、さらにおいしくなります。

冷蔵2日　冷凍2週間　レンジで温める

材料（4〜6回分）

- 生さば（三枚おろし）……1尾分
- しょうが（せん切り）……1かけ分
- A
  - 水……½〜⅔カップ
  - みそ……大さじ1と½
  - 酒・砂糖・しょうゆ……各大さじ1

作り方

1 さばは水けを拭き、1枚を4〜6等分に切る。

2 浅めの鍋かフライパンにAを入れて混ぜ、中火にかける。煮立ったらさばの皮目を上にして並べ、しょうがを加える。落としぶたをして5〜6分煮て、そのままさます。

3 さばを取り出し、汁が多ければ煮汁を軽く煮つめてさばにかける。

ダイエットにも美肌にもバッチリな組み合わせ

さばのにんにくトマト煮

さばとトマトの相性がバツグン。パン弁当のおかずにも。

冷蔵2日　冷凍2週間　レンジで温める

材料（4〜6回分）

- 生さば（三枚おろし）……1尾分
- 玉ねぎ（みじん切り）……¼個分
- にんにく（みじん切り）……1片分
- 塩・こしょう……各適量
- A
  - トマト水煮缶（カットタイプ）……1カップ
  - しょうゆ……小さじ1
- オリーブ油……大さじ1

作り方

1 さばは水けを拭いて1枚を4〜6等分に切り、塩、こしょう各少々をふる。

2 フライパンにオリーブ油を中火で熱して1を並べ、空いているところににんにく、玉ねぎを入れて2〜3分炒める。

3 Aを加えてひと煮立ちしたら弱火にし、ふたをして10分ほどときどき混ぜながら煮る。塩、こしょう各少々で味をととのえる。

かつお

100gあたりのたんぱく質量は25g超え！

マヨネーズとポン酢でしっとり仕上げて

かつおのマヨポン炒め

身がくずれやすいので、炒めるときはやさしく返します。

冷蔵2日　冷凍2週間　レンジで温める

材料（4～6回分）

かつお（刺身用・さく）……400g
長ねぎ（斜め薄切り）……½本分
塩・こしょう……各少々
A ポン酢しょうゆ……大さじ2
A マヨネーズ……大さじ1と½
A おろししょうが……小さじ½
サラダ油……大さじ1

作り方

1 かつおは水けを拭いて1㎝幅に切り、塩、こしょうをまぶす。
2 フライパンにサラダ油を中火で熱して1、長ねぎを入れる。かつおをくずさないようにときどき上下を返しながら、4～5分炒める。
3 Aを加えて煮からめる。

塩麹でまろやかな味わいに

かつおの塩麹炒め

せん切りにんじんをたっぷり。栄養バランスのいいおかずに。

冷蔵2日　冷凍2週間　レンジで温める

材料（4～6回分）

かつお（刺身用・さく）……400g
にんじん（せん切り）……½本分
塩……少々
A 塩麹……大さじ2
A 酒……大さじ1
A おろししょうが……小さじ½
サラダ油……大さじ1

作り方

1 かつおは水けを拭いて1㎝幅に切り、塩をまぶす。
2 フライパンにサラダ油を中火で熱して1、にんじんを入れる。かつおをくずさないようにときどき上下を返しながら、4～5分炒める。
3 Aを加えて煮からめる。

ごろっと大きめに切って食べごたえアップ

かつおの角煮

しょうがを効かせているので、魚くささがありません。

冷蔵2~3日　冷凍2週間　レンジで温める

材料 (4～6回分)

かつお(刺身用・さく)……400g
しょうが(せん切り)……1かけ分
A
- だし汁……¼カップ～
- しょうゆ・みりん・酒……各大さじ2と½
- 砂糖……大さじ1

作り方

1 かつおは水けを拭いて2～3cm角に切る。
2 鍋にAを入れて火にかけ、煮立ったら1、しょうがを入れる(かつおがかぶる程度にだし汁で調節)。弱火にしてふたをし、15分ほど煮る。

代謝アップに欠かせない栄養素がいっぱい

かつおのカレー風味フライ

衣にカレー粉を混ぜるだけで魚のクセを抑えられます。

冷蔵2日　冷凍2週間　レンジ+トースターで温める

材料 (4～6回分)

かつお(刺身用・さく)……400g
A
- 薄力粉……大さじ3
- カレー粉……大さじ1
- 塩……少々

溶き卵……1～2個分
パン粉……適量
ソース・レモン(好みで)……各適量
揚げ油……適量

作り方

1 かつおは水けを拭いて1.5cm幅に切り、混ぜ合わせたA、溶き卵、パン粉の順にまぶして衣をつける。
2 鍋に揚げ油を170℃に熱し、1を3～5分揚げる。食べるときに好みでソース、レモンをかける。

まぐろ

まぐろは赤身が調理しやすくおすすめ。

にんにくとみそがほどよくマッチ

まぐろのみそ風味ソテー

甘辛みそ味がしっかりからみ、白いご飯によく合います。

冷蔵2日　冷凍2週間　レンジで温める

材料　(4～6回分)

まぐろ(刺身用・さく)……400g
薄力粉……適量
A
- みそ……大さじ1と½
- 酒・みりん……各大さじ1
- しょうゆ・白いりごま……各小さじ1
- おろしにんにく……小さじ⅓

サラダ油……大さじ½

作り方

1 まぐろは水けを拭いて1㎝幅に切り、大きければ半分に切る。薄力粉をまぶす。
2 フライパンにサラダ油を中火で熱し、1を並べて2～3分焼き、上下を返してさらに2～3分焼く。
3 混ぜ合わせたAを加えて煮からめる。

かたまりごと保存しておいしさキープ

自家製ツナ風

大きく切ったり、くずして野菜とあえたり、使い方いろいろ。

冷蔵2日　冷凍2週間　レンジで温める

材料　(4～6回分)

まぐろ(刺身用・さく)……400g
塩……小さじ½
粗びき黒こしょう……適量
A
- 水……¼カップ
- 白ワイン(なければ酒)……大さじ2

オリーブ油……大さじ2

作り方

1 まぐろは水けを拭き、塩、粗びき黒こしょうをまぶす。
2 フライパンにオリーブ油を中火で熱し、1を入れて転がしながら2～3分焼く。
3 Aを加えてひと煮立ちさせ、ごく弱火にして7～8分煮る。上下を返し、さらに7～8分煮て中まで火を通す。保存容器に煮汁ごと移してさます。

コロコロのサイコロステーキ風

まぐろのガーリックステーキ

にんにくは焦げないように火加減に注意しながら炒めましょう。

冷蔵2日　冷凍2週間　レンジで温める

材料 (4〜6回分)

まぐろ(刺身用・さく)	400g
塩・粗びき黒こしょう	各少々
バター	8g
にんにく(薄切り)	1片分
A 酒・しょうゆ	各大さじ1と⅓
A 水	大さじ1

作り方

1 まぐろは水けを拭いて2㎝角に切り、塩、粗びき黒こしょうをふる。
2 フライパンにバターを中火で溶かし、1を入れる。弱火にして2分ほど炒め、にんにくを加えてさらに2〜3分炒める。
3 Aを加えて煮からめる。

ちょっとピリ辛のクセになる味

まぐろとししとうの豆板醤ソテー

ししとうの代わりにピーマンなどでもOK。

冷蔵2日　冷凍2週間　レンジで温める

材料 (4〜6回分)

まぐろ(刺身用・さく)	400g
ししとう(へたを取る)	1パック分(8〜12本)
長ねぎ(みじん切り)	⅓本分
片栗粉	大さじ1
A みりん・しょうゆ・酒	各大さじ1
A 豆板醤	小さじ1
A おろしにんにく	小さじ⅓
ごま油	大さじ1

作り方

1 まぐろは水けを拭いて1㎝幅に切り、大きければ半分に切る。片栗粉をまぶす。ししとうは切り込みを入れる
2 フライパンにごま油を中火で熱し、1、長ねぎを入れる。まぐろをくずさないようにときどき上下を返しながら、4〜5分炒める。
3 Aを加えて煮からめる。

えび、いか、帆立などのほか、魚介加工品のおかずも！

さめてもサクサク。食欲をそそる香ばしさ

帆立と桜えび&枝豆のかき揚げ

桜えびや枝豆も加えて、たんぱく質をパワーアップ！

冷蔵2日　冷凍2週間　レンジ+トースターで温める

材料（4～6回分）

ベビー帆立（蒸し）……150g
乾燥桜えび……10g
冷凍枝豆（解凍してさやから出す）……30g
玉ねぎ（薄切り）……¼個分
薄力粉……大さじ2
A
- 卵……½個
- 水……120～130mℓ
- 薄力粉……130～145g

たれ（しょうゆ・めんつゆ・ポン酢など）……適量
揚げ油……適量

※Aの衣は市販の天ぷら粉を表示どおりに溶いたものでもOK。

作り方

1 帆立、桜えび、枝豆、玉ねぎをボウルに入れ、薄力粉を全体にふって混ぜる。
2 別のボウルにAを上から順に混ぜ、ホットケーキの生地より少しゆるいくらいに調節する。1を加えて軽く混ぜる。
3 鍋に揚げ油を170℃に熱し、2を玉じゃくしですくって静かに入れ、形を整えながら2分ほど揚げる。片面が固まってきたら、何度か上下を返しながら2～3分カリッとするまで揚げる。食べるときにたれをかける。

まとめて揚げておけば、朝も手間なし

えびフライ

みんな大好きなおかず。つめる本数はお好みで。

冷蔵2日　冷凍2週間　レンジ+トースターで温める

材料（10本分）

えび（殻つき）……大10尾
塩・こしょう……各少々
溶き卵……1個分
薄力粉・パン粉……各適量
ソース・レモン（好みで）……各適量
揚げ油……適量

作り方

1 えびは殻をむいて背わたと剣先を除き、塩（分量外）でもんで洗い流す。水けをしっかり拭き、切り込みを入れてのばす。塩、こしょうをふり、薄力粉、溶き卵、パン粉の順に衣をつける。
2 鍋に揚げ油を170℃に熱し、1を3～4分揚げる。食べるときに好みでソース、レモンをかける。

彩りもきれいでお弁当に重宝します

えびとアスパラのハーブソテー

ぷりぷりの食感が楽しめます。パン弁当にも。

冷蔵2日　冷凍2週間　レンジで温める

材料（4〜6回分）

むきえび(大)……400g
グリーンアスパラガス……8本
にんにく(みじん切り)……1片分
塩・こしょう……各少々
A ドライハーブ(好みのもの)……小さじ1〜1と½
　塩・粗びき黒こしょう……各少々
オリーブ油……大さじ1

作り方

1 えびは背わたを除き、塩(分量外)でもんで洗い流す。水けをしっかり拭き、塩、こしょうをまぶす。アスパラは根元のかたい部分の皮をピーラーでむき、3〜4等分に切る。
2 フライパンにオリーブ油を中火で熱し、えびを2分ほど炒める。えびの色が変わってきたらアスパラ、にんにくを加えて2〜3分炒め、**A**を加えて炒め合わせる。

スパイシーな味わいが大人気のおかず

ガーリックシュリンプ

にんにくとバターの風味でグンとおいしくなります。

冷蔵2日　冷凍2週間　レンジで温める

材料（4〜6回分）

えび(殻つき)……大12尾
A 塩・粗びき黒こしょう・ドライハーブ(好みのもの)……各少々
バター……5g
にんにく(みじん切り)……1片分
酒……大さじ1

作り方

1 えびは殻をむいて背わたを除き、塩(分量外)でもんで洗い流す。水けをよく拭いて**A**をまぶす。
2 フライパンにバター、にんにくを入れて中火で熱し、**1**を4〜5分炒める。酒をふって軽くアルコールをとばす。

その他の魚介

調味料を合わせておけば、作るのもラク

いかとカラフル野菜のチリソース炒め

パプリカやズッキーニなどの野菜もたっぷり加えます。

冷蔵2日　冷凍2週間　レンジで温める

材料（4～6回分）

- 冷凍いか（カット）……400g
- 赤パプリカ（5cm幅の細切り）……½個分
- ズッキーニ（5mm厚さの半月切り）……½本分
- 塩・こしょう……各少々
- 片栗粉……大さじ1
- A
  - トマトケチャップ……大さじ1と½
  - しょうゆ……小さじ2
  - 砂糖・酢……各大さじ½
  - 豆板醤……小さじ1
  - 鶏ガラスープの素……小さじ⅔
  - おろししょうが・おろしにんにく……各小さじ½
  - 片栗粉……大さじ½
  - 水……½カップ
- ごま油……大さじ1

作り方

1. いかは解凍し、塩、こしょう、片栗粉をまぶす。
2. フライパンにごま油を中火で熱し、1、パプリカ、ズッキーニを3～4分炒める。
3. 上から順に混ぜ合わせたAを加えて煮からめる。

時間をおいて味がしみるとグンとおいしい

いかとししとうのオイスターソース炒め

野菜はししとうの代わりにズッキーニやアスパラでも。

冷蔵2日　冷凍2週間　レンジで温める

材料（4～6回分）

- するめいか（下処理済み）……2はい分
- ししとう（へたを取る）……1パック分（8～12本）
- 長ねぎ（みじん切り）……⅓本分
- A
  - オイスターソース・酒……各大さじ1
  - しょうゆ……小さじ1
  - おろししょうが……小さじ⅓
- ごま油……大さじ½

作り方

1. いかは胴を1cm幅の輪切りにする。足は食べやすく切り、エンペラは1cm幅に切る。
2. フライパンにごま油を中火で熱し、1、ししとう、長ねぎを入れて3～4分炒める。全体に火が通ったら、Aを加えて煮からめる。

缶詰利用で手軽に作れます

ツナとエリンギの揚げ春巻き

しっかり味がついているので、たれいらず。

冷蔵2日　冷凍2週間　レンジ＋トースターで温める

材料（6本分）

ツナ水煮缶	大1缶（150g）
エリンギ（長さ半分に切り薄切り）	4本分
玉ねぎ（薄切り）	¼個分
A しょうゆ	大さじ½
A 片栗粉	小さじ½
春巻きの皮	6枚
水溶き小麦粉	適量
サラダ油	小さじ½
揚げ油	大さじ2と½

※ツナはP.110の自家製ツナ風でもOK。

作り方

1 フライパンにサラダ油を中火で熱し、エリンギ、玉ねぎを炒める。缶汁をきったツナ缶、Aを加えて炒め合わせ、粗熱を取る。

2 春巻きの皮に1を等分にのせて巻き、巻き終わりをとろっとしたのり状の水溶き小麦粉で留める。

3 フライパンに揚げ油を中火で熱し、2を3～4分上下を返しながら揚げ焼きにする。

骨ごと食べられてカルシウム補給にも

鮭缶とじゃがいものバター煮

鮭水煮缶は1缶（180g）でたんぱく質約38g。手軽にとれます。

冷蔵2日　冷凍NG　レンジで温める

材料（4回分）

鮭水煮缶	1缶（180g）
じゃがいも	1個
玉ねぎ（薄切り）	¼個分
A バター	5g
A しょうゆ	大さじ½

作り方

1 じゃがいもは4～6等分のひと口大に切り、水から7～8分ゆでる。5～6分たったら玉ねぎを加え、2分ほど一緒にゆでる。じゃがいもがやわらかくなったらゆで汁を約½カップほど残して捨てる。

2 缶汁をきった鮭缶、Aを加え、中火でひと煮立ちさせる。

パン弁当のおかずにもおすすめ

シーフードミックスとブロッコリーのカレー炒め

冷凍で常備しておけるシーフードミックスを上手に活用して。

冷蔵2日　冷凍2週間　レンジで温める

材料（4〜6回分）

冷凍シーフードミックス（解凍する）……400g
ブロッコリー（小房に分ける）……½株分
A［酒・水……各大さじ1
B［カレー粉・顆粒コンソメ……各小さじ1
　 塩……小さじ¼
オリーブ油……大さじ½

作り方

1 フライパンにオリーブ油を中火で熱し、水けを拭いたシーフードミックス、ブロッコリーを入れて1〜2分炒める。
2 Aを加えてひと煮立ちしたら弱火にしてふたをし、3〜4分蒸し焼きにする。ブロッコリーに火が通ったら、Bを加えて炒め合わせる。

ストックしておけるソーセージが便利！

魚肉ソーセージとピーマンのケチャップ炒め

パンにはさんだり、スパゲティとあえても。

冷蔵2日　冷凍2週間　レンジで温める

材料（4〜6回分）

魚肉ソーセージ……4本
ピーマン（8㎜幅の輪切り）……3個分
玉ねぎ（薄切り）……¼個分
A［トマトケチャップ……大さじ2
　 酒……大さじ1
　 ウスターソース……小さじ1
　 顆粒コンソメ……小さじ⅓
オリーブ油……大さじ½

作り方

1 魚肉ソーセージは1㎝幅の斜め切りにする。
2 フライパンにオリーブ油を中火で熱し、1、ピーマン、玉ねぎを入れて4〜5分炒める。
3 Aを加えて煮からめる。

肉巻きにして栄養とボリュームをアップ

チーちく肉巻き焼き

ちくわ、チーズ、豚肉とトリプルたんぱく質の最強おかず。

冷蔵2~3日　冷凍2週間　レンジで温める

材料（8本分）

ちくわ（長さ半分に切る）……4本分
豚薄切り肉（ももまたはロース）……8枚（約200g）
スライスチーズ……2枚
薄力粉……適量
A しょうゆ・酒・水……各大さじ1
A おろしにんにく……小さじ⅓
A バター……3g
サラダ油……小さじ1

作り方

1 スライスチーズはちくわの穴に¼枚ずつ細長く折りたたんでつめる。薄力粉を薄くまぶして豚肉1枚を巻きつける。チーズが出ないようしっかり肉で巻き、まわりにも薄力粉をまぶす。残りも同様に作る。
2 フライパンにサラダ油を中火で熱し、1の巻き終わりを下にして並べる。ふたをして弱火で6分ほど、途中転がしながら焼く。
3 余分な油を拭いてAを加え、煮からめる。つめるときに好みで半分に切る。

炒めたさつま揚げが香ばしい

さつま揚げとねぎの青のり炒め

青のりを加えるとふわっと磯の香り。ご飯がすすみます。

冷蔵2日　冷凍2週間　レンジで温める

材料（4~6回分）

さつま揚げ（2㎝幅に切る）……4~6枚分（350g）
長ねぎ（斜め薄切り）……1本分
A しょうゆ・酒……各大さじ½
A 和風顆粒だしの素……小さじ½
青のり粉……小さじ1
サラダ油……小さじ1

作り方

1 フライパンにサラダ油を中火で熱し、さつま揚げ、長ねぎを入れて4~5分炒める。
2 Aを加えて炒め合わせ、青のり粉を加えてひと混ぜする。

Column2

たんぱく質をしっかりとろう!

コンビニランチ

お弁当を作る時間がないとき、簡単に済ませたいときなどにコンビニご飯はとても便利。
主食や副菜などそれぞれで、たんぱく質をしっかりとれるものを選んで組み合わせましょう。

主食

具材をしっかりチェック！

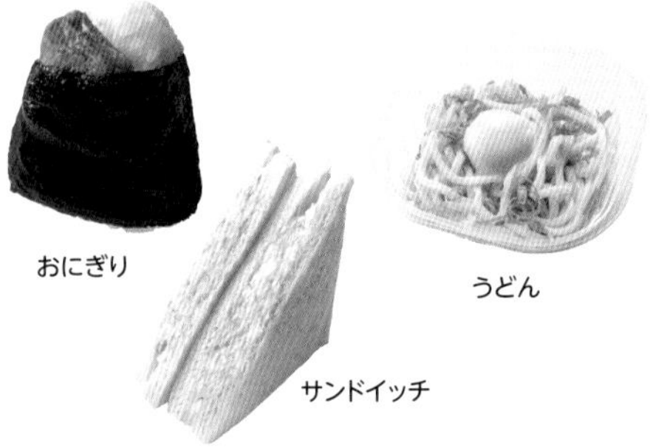

おにぎりなら具は鮭やツナのもの、うどんは温玉つき、サンドイッチは卵やハムなど、たんぱく質が多い具材が含まれるものを意識して選びましょう。

＋

肉・魚

すぐ食べられるものがたくさん！

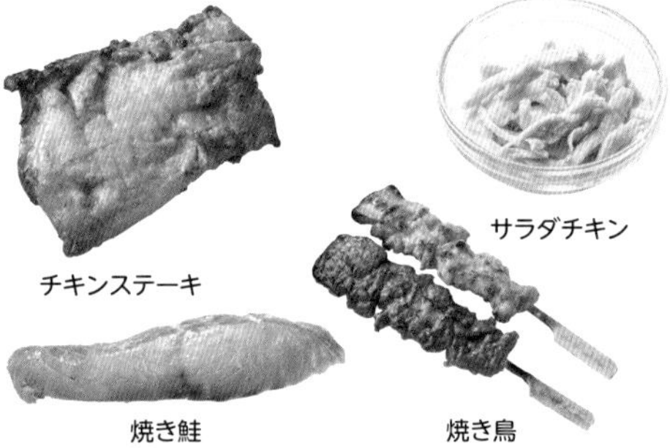

チキンステーキやサラダチキン、焼き鳥など、調理済みのものもたくさんあります。主食に加えると満足感もあり、たんぱく質もグンとアップ。

＋

サラダ・汁もの

ツナや卵入りのものがおすすめ

サラダや汁ものもしっかり具材をチェック。サラダはコーンや豆類などが入っているものがベター。

＋

卵・大豆製品

いろいろな種類が入手できます

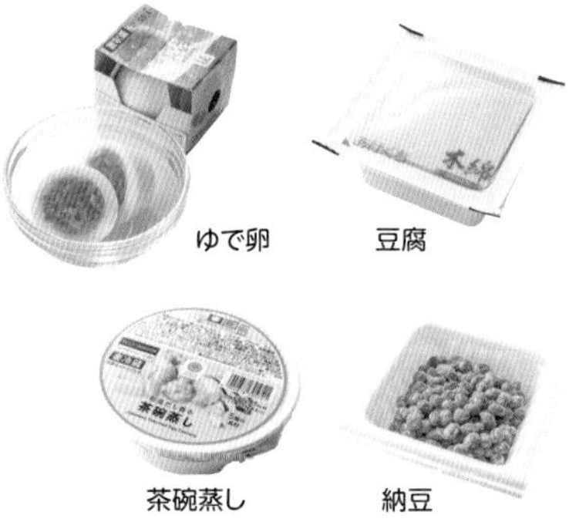

豆腐や納豆などの大豆製品のほか、豆乳などをプラスしても。卵もいろいろな種類があるので、活用して。

＋

乳製品

手軽なおやつ代わりにも

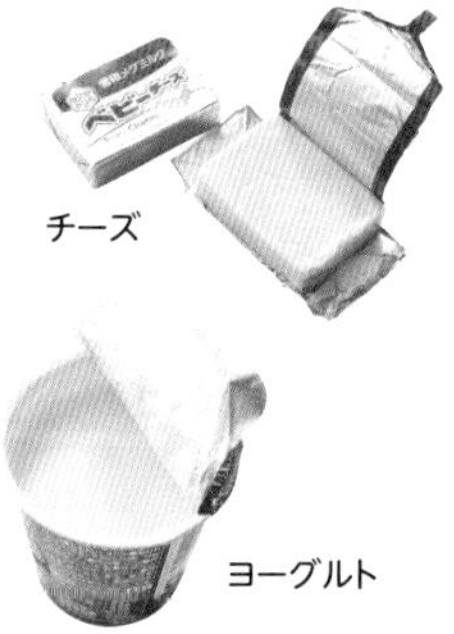

チーズやヨーグルトはデザート代わりにもおすすめ。最近はたんぱく質が多めのヨーグルトも人気です。

Part3

ご飯・麺・パン

「おかずをたくさん作ったり、組み合わせを考えるのが面倒」
というときは、主食にひと工夫。たんぱく質食材を足せば、
主菜を兼ねる一石二鳥のお弁当になります。

ご飯弁当

1

鶏むね肉の五目炊き込みご飯弁当

肉も野菜も入った具だくさんの五目炊き込みは、何度食べても飽きない味。
高野豆腐の卵とじ、枝豆入りのれんこんサラダで、たんぱく質がさらに摂取できます。

たんぱく質
25.3g
427kcal
糖質 52.7g

れんこんと枝豆の明太マヨサラダ
→ P.188 1/6量

高野豆腐の卵とじ
→ P.152
1/6量

鶏むね肉の五目炊き込みご飯
1/5量

その他：ミニトマト1個

鶏むね肉をたっぷり入れてたんぱく質量アップ

鶏むね肉の五目炊き込みご飯

冷蔵2日　冷凍2週間　レンジで温める

たんぱく質 20.1g
353kcal
糖質 58.0g
1/4量分

高たんぱく

材料 (2合分・約4～6回分)

- 米……2合
- 鶏むね肉(皮を取って3cm四方に切る)……1枚分(250g)
- 油揚げ……½枚
- にんじん(細切り)……¼本分(50g)
- しめじ(石づきを取ってほぐす)……80g
- ごぼう(斜め薄切り)……10cm分(50g)
- A しょうゆ……大さじ2
- A 酒……大さじ1
- A 和風顆粒だしの素……小さじ1

作り方

1 米の準備をする

米は洗って炊飯器に入れ、2合の目盛りまで水を加えて30分浸水させる。水大さじ3を捨てる。

2 具材の準備をする

ボウルに鶏肉、Aを入れて混ぜ、10分ほどおく。油揚げは縦半分に切り(幅を半分にして)8mm幅に切る。

3 炊飯する

1に鶏肉を漬けたAの漬け汁を加えて混ぜ、鶏肉、残りの具材をのせて普通に炊飯する(炊き込みご飯モードがあれば使う)。炊き上がったらさっくりと混ぜる。

主食ポイント

鶏肉は下味をつけてから炊飯器に入れると、味がしっかり入ります。銀杏水煮、栗の甘露煮をのせて炊いてもおいしい。

作りおきでアレンジ

三つ葉と山椒風味の混ぜご飯

三つ葉と山椒のさわやかな香りが加わると、さらに絶品。混ぜるだけで、ワンランク上の味になります。

1回分
たんぱく質 16.1g ／ 283kcal ／ 糖質46.4g

材料 (1回分)

- 鶏むね肉の五目炊き込みご飯……⅕量
- 三つ葉(1cm幅に切る)……1～2本分
- 粉山椒……少々

作り方

炊き込みご飯に三つ葉を混ぜ、粉山椒をふる。

ご飯弁当
2

豚と昆布の炊き込みご飯弁当

たんぱく質量を簡単に増やせる蒸し大豆を、豚肉といっしょに炊き込むだけ。
サブおかずも、手軽なさばの缶詰を活用。低カロリーなのでダイエット中にも！

たんぱく質
27.3g
438kcal
糖質 48.7g

**にんじんとさば缶の
チーズ焼き → P.174**
1/6 量

豚と昆布の炊き込みご飯
1/5 量

その他：ゆでブロッコリー３房

豚肉と大豆たっぷりの和風ご飯

豚と昆布の炊き込みご飯

冷蔵2日　冷凍2週間　レンジで温める

たんぱく質 25.2g
459kcal
糖質 58.4g
1/4量分

高たんぱく

材料（2合分・約4〜6回分）

米……2合
豚薄切り肉（もも、ロースなど）……300g
蒸し大豆……100g
切り昆布（乾燥）……5g
干ししいたけ（スライス）……3g
A
しょうゆ……大さじ2
酒・みりん……各大さじ1
おろししょうが・和風顆粒だしの素……各小さじ1

作り方

1 米の準備をする
米は洗って炊飯器に入れ、2合の目盛りまで水を加えて30分浸水させる。水大さじ4を捨てる。

2 具材の準備をする
切り昆布は洗って水けをきり、食べやすい長さに切る。干ししいたけは水に20分ほどつけてもどし、水けをきって大きければ2〜3等分に切る。豚肉は4㎝長さに切る。

2 炊飯する
1にAを加えて混ぜ、2、大豆をのせて普通に炊飯する（炊き込みご飯モードがあれば使う）。炊き上がったらさっくりと混ぜる。

主食ポイント

干ししいたけ、切り昆布のうまみ食材を使って、風味豊かな味に。豚肉はもも、ロースなど、脂分の少ないものがおすすめ。

作りおきでアレンジ

炊き込みご飯の焼きおにぎり

焼いたあとにしょうゆを塗るのがコツ。焦がさずに香ばしい風味がつけられます。

1回分
たんぱく質 20.8g／399kcal／糖質46.8g

材料（1回分）

豚と昆布の炊き込みご飯……⅕量
白いりごま……適量
しょうゆ……小さじ½
ごま油……適量

作り方

1 おにぎりを作り、白いりごまをまぶす。
2 フライパンにごま油を中火で熱し、1の両面を焼いてしょうゆを塗る。

ご飯弁当
3

鶏ささみ入りケチャップライス弁当

低脂質、高たんぱくのささみで、効率よくたんぱく質がとれます。ケチャップライスと相性のいい卵おかずと、具だくさんの炒めものを添えて、彩りよく栄養バランスを整えて。

たんぱく質
33.7g
483kcal
糖質 61.8g

シーフードミックスと
ブロッコリーのカレー炒め
→ P.116 1/4量

鶏ささみ入りケチャップライス
1/4量

甘辛卵焼き
→ P.140
1切れ
(半分に切る)

その他：リーフレタス少々

なつかしさ満点！ 子どもも大人も大好きな味

鶏ささみ入りケチャップライス

冷蔵2日　冷凍2週間　レンジで温める

たんぱく質 15.7g
343kcal
糖質 59.7g
1/4量分

材料 (4回分)

ご飯……茶碗4杯分(600g)
鶏ささみ……4本
玉ねぎ(みじん切り)……¼個分
塩・こしょう……各少々
A ［トマトケチャップ……大さじ6
　 ウスターソース……大さじ½
　 顆粒コンソメ……小さじ½
トマトケチャップ(好みで)……適量
オリーブ油……大さじ1

作り方

1 ささみに下味をつける

ささみは筋を取り、ひと口大のそぎ切りにして塩、こしょうをふる。

2 具材を炒める

フライパンにオリーブ油を中火で熱し、1、玉ねぎを3分ほど炒めて火を通す。Aを加えて水分をとばすように1～2分炒める。

3 ご飯を加えて炒める

ご飯を加えて炒め合わせる。つめるときに好みでトマトケチャップをかける。

主食ポイント

隠し味のウスターソースが決め手。さらに具だくさんにするなら、ミックスベジタブルなどを入れても。

作りおきでアレンジ

オムライス

薄焼き卵で包めば、オムライスが完成。お弁当箱の大きさに合わせて形を整えて。

1回分
たんぱく質 22.8g ／ 454kcal ／ 糖質63.0g

材料 (1回分)

鶏ささみ入りケチャップライス……¼量
A ［卵……1個
　 牛乳……小さじ1
　 塩・こしょう……各少々
トマトケチャップ……適量
オリーブ油……小さじ½

作り方

1 ボウルにAを混ぜ合わせる。
2 フライパンにオリーブ油を中火で熱し、1を流し入れて薄焼き卵を作る。
3 ケチャップライスを2で包み、トマトケチャップをかける。

ご飯弁当
4

牛肉のビビンバ風炊き込みご飯弁当

韓国の混ぜご飯、ビビンバ風の甘辛コクうま味がやみつき！　牛肉はもちろん、ご飯の豆もやし、
サブおかずの大豆とさつまいもの炒めものからは、植物性たんぱく質がとれます。

たんぱく質
22.2g
588kcal
糖質 70.7g

さつまいもと大豆の甘辛炒め → P.181
1/5量

牛肉のビビンバ風炊き込みご飯
1/4量

その他：きゅうりの塩もみ適量

大豆もやしでさらにたんぱく質をプラス

牛肉のビビンバ風炊き込みご飯

冷蔵2日　冷凍2週間　レンジで温める

たんぱく質 19.9g
496kcal
糖質 59.1g
1/4量分

材料 (2合分・約4～6回分)

米……2合
牛切り落とし肉……300g
大豆もやし……½袋(100g)
ぜんまい水煮(水けをきって5cm長さに切る)……60g
にんじん(短冊切り)……¼本分(50g)
A
しょうゆ……大さじ1と½
コチュジャン……大さじ2
焼き肉のたれ・酒……各大さじ1
ごま油……小さじ1
おろしにんにく……小さじ½

作り方

1 米の準備をする

米は洗って炊飯器に入れ、2合の目盛りまで水を加えて30分浸水させる。水½カップを捨てる。

2 肉に下味をつける

牛肉は**A**をもみ込み、冷蔵室で30分漬ける。

3 炊飯する

1に**2**を汁ごとのせ、大豆もやし、ぜんまい、にんじんの順にのせる(具と米は混ぜない)。普通に炊飯し(炊き込みご飯モードがあれば使う)、炊き上がったらさっくりと混ぜる。

主食ポイント

歯ごたえのあるぜんまいを入れると本格的な味わい。つめるときに、好みで小口切りにした青ねぎを散らしても。

作りおきでアレンジ

ユッケジャン風スープご飯

寒い日は雑炊風にするのも楽しい。スープジャーがあればアツアツのまま持ち運べます。

1回分
たんぱく質 11.0g ／ 267kcal ／ 糖質30.7g

材料 (300mlのスープジャー1回分)

牛肉のビビンバ風炊き込みご飯
……約⅛量(具も入れて150g)
A
水……1カップ
オイスターソース……小さじ½
鶏ガラスープの素……小さじ1
にら(2cm長さに切る)……1～2本分
白菜キムチ(好みで)……適量

作り方

小鍋に炊き込みご飯、**A**を入れて中火にかけ、煮立ったらにらを加えてさっと煮る。予熱したスープジャーに移し、好みで白菜キムチを加える。

麺弁当
1

ささみとベーコンのナポリタンスパゲティ弁当

炭水化物量が多いパスタ弁当はスポーツをする人にうってつけ。
具だくさんが基本で、鶏ささみ、ベーコン、オムレツでたんぱく源を組み合わせます。

たんぱく質
38.7g
687kcal
糖質 73.4g

ミニトマトと大豆の青じそあえ → P.176
1/6量

ささみとベーコンのナポリタンスパゲティ
1/2量

ミニオムレツ → P.145
1/4量

主食ポイント

具だくさんにすると、食べるときにスパゲティがくっつきにくいというメリットも。粉チーズやみじん切りのパセリをかけても。

その他：ゆでアスパラ２本

彩りも華やか。たんぱく源食材もたっぷり

ささみとベーコンのナポリタンスパゲティ

冷蔵2日 冷凍2週間 レンジで温める

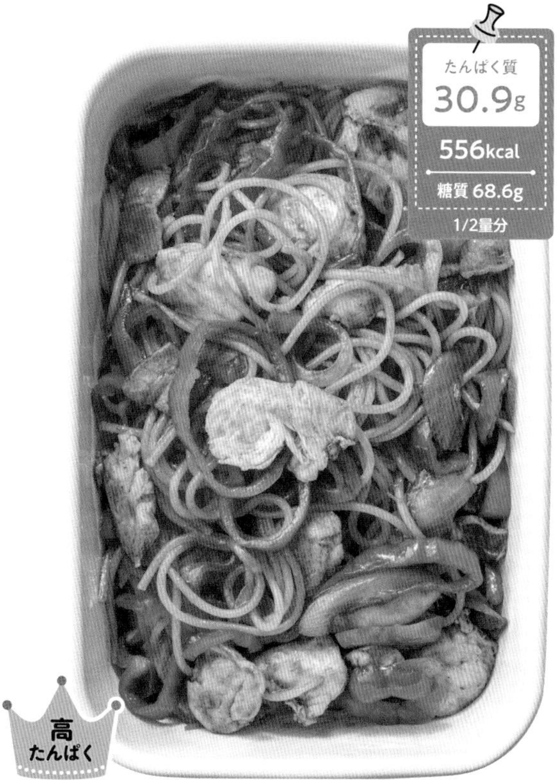

材料 (2回分)

スパゲティ……160g
鶏ささみ……3本
玉ねぎ(薄切り)……⅓個分
ベーコン(1.5cm幅に切る)……2枚分
ピーマン(5mm幅の輪切り)……2個分
塩・こしょう……各少々
A トマトケチャップ……大さじ5
A ウスターソース……大さじ½
A 顆粒コンソメ……小さじ½
A こしょう……少々
オリーブ油……大さじ1と⅓

作り方

1 ささみに下味をつける
ささみは筋を取り、ひと口大の斜めそぎ切りにして塩、こしょうをまぶす。

2 具材を炒める
フライパンにオリーブ油大さじ1を中火で熱し、1、玉ねぎ、ベーコンを3～4分炒める。肉に火が通ったら、ピーマンを加えて1～2分炒める。Aを加えて1分ほど炒める。

3 スパゲティをゆでる
スパゲティは沸騰した湯に塩(分量外)を入れて表示どおりにゆで、ざるに上げてオリーブ油大さじ⅓をまぶす。

4 具材と合わせる
2に3を加えて30秒ほど炒め合わせる。

作りおきでアレンジ

カレー風味スパゲティ

ケチャップ味に飽きたら、カレー粉を軽くふって味変。スパイシーな香りが漂います。

1回分
たんぱく質 31.0g / 560kcal / 糖質68.6g

材料 (1回分)

ささみとベーコンのナポリタンスパゲティ……½量
カレー粉……小さじ½

作り方

温めたスパゲティにカレー粉を加えて軽く混ぜる。

パン弁当
1

卵大豆サンド弁当

卵サンドの具に、蒸し大豆をプラス。食べごたえとともにたんぱく質量もグンと増えるので、軽めのお弁当でも栄養十分です。サブおかずは別添えにして魚や野菜をしっかり摂取。

蒸し大豆の食感で食べごたえアップ

卵大豆ペースト

冷蔵2日　冷凍1週間　そのままつめる

たんぱく質 13.7g
219kcal
糖質 0.5g
1/4量分

材料（4〜6回分）

	卵	6個
	蒸し大豆	80g
A	マヨネーズ	大さじ3
	マスタード	小さじ2
	塩	小さじ¼
	こしょう	少々

作り方

1 かたゆで卵を作る

鍋に卵がかぶる程度の水を入れて中火にかけて、沸騰したら静かに沸騰している状態に火を弱め、9〜10分ゆでる。冷水に取ってさまし、殻をむく。

2 卵ペーストを作る

ボウルに入れてフォークなどでつぶし、大豆、Aを加えて混ぜる。

※サンドイッチの作り方

食パン（8枚切り）2枚に、卵大豆ペースト・サラダ菜各適量をはさむ。3等分に切る。

主食ポイント

水切り不要で加熱せずに食べられる蒸し大豆は、お弁当用に常備しておきたい食材。美容にいい栄養も豊富です。

作りおきでアレンジ

卵大豆の春巻き風

1回分
たんぱく質 12.2g／308kcal／糖質1.2g

材料（2本分）

卵大豆ペースト	60g
春巻きの皮（ミニサイズ）	2枚
ハム	2枚
水溶き小麦粉	少々
揚げ油	適量

作り方

1 春巻きの皮にハム、卵大豆ペーストをのせて包み、巻き終わりを水溶き小麦粉で留める。
2 鍋に揚げ油を160℃に熱し、1を2〜3分こんがりと色づくまで揚げる。

春巻きの具にもぴったり。外はサクサク、中はふんわりの絶妙な食感で、クセになる味です。

ご飯

具材を多めにすれば、サブおかずを軽めに添えるだけでOK。

たんぱく質＋食物繊維もたっぷり

きのこの炊き込みご飯

厚揚げときのこがどっさり入った具だくさんご飯。

冷蔵2日　冷凍2週間　レンジで温める

材料（4〜6回分）

- 米……2合
- 大根（1cm四方に切る）……50g
- 厚揚げ……200g
- しめじ……60g
- まいたけ……60g
- しょうが（せん切り）……½かけ分
- A
  - しょうゆ……大さじ2
  - 和風顆粒だしの素……小さじ1

作り方

1 米は洗って炊飯器に入れ、2合の目盛りまで水を加えて30分以上浸水させる。水大さじ2を捨てる。

2 厚揚げは熱湯を回しかけて油抜きをし、1.5cm角に切る。きのこは石づきを除いてほぐす。

3 1にAを加えて混ぜ、2、大根、しょうがをのせて普通に炊飯する（炊き込みご飯モードがあれば使う）。

豆もやしの食感で食べごたえが出ます

豆もやしと豚肉のチャーハン

豚肉、大豆もやし、卵でたんぱく質が強化できます。

冷蔵2日　冷凍2週間　レンジで温める

材料（4回分）

- ご飯……茶碗4杯分（600g）
- 大豆もやし（長さ半分に切る）……⅔袋分（150g）
- 豚ロース薄切り肉……160g
- 卵（溶きほぐす）……2個分
- 塩・こしょう……各少々
- A
  - しょうゆ……小さじ2
  - 鶏ガラスープの素……小さじ1と½
  - 塩・こしょう……各少々
- ごま油……大さじ1

作り方

1 豚肉は2cm幅に切り、塩、こしょうをふる。

2 フライパンにごま油を中火で熱し、豚肉、大豆もやしの順に炒める。肉の色が変わったら、ご飯を加えて炒める。溶き卵を加えて手早く炒め合わせ、Aで味をととのえる。

ソーセージとシーフードでダブルたんぱく質摂取

シーフードカレーピラフ

ほんのりスパイシーな味で食欲増進！

冷蔵2日　冷凍2週間　レンジで温める

材料（4〜6回分）

米……2合
冷凍シーフードミックス……200g
ソーセージ（5㎜幅の輪切り）……2本分
玉ねぎ（1㎝四方に切る）……¼個分
赤パプリカ（1㎝四方に切る）……¼個分
A［トマトケチャップ……大さじ2
　 顆粒コンソメ……大さじ1
　 カレー粉……小さじ1
　 塩・こしょう……各少々］

作り方

1 米は洗って炊飯器に入れ、2合の目盛りまで水を加えて30分以上浸水させる。水大さじ3を捨てる。
2 シーフードミックスはさっと洗って水けをよく拭く。
3 1にAを加えて混ぜ、2、ソーセージ、玉ねぎ、パプリカをのせて普通に炊飯する（炊き込みご飯モードがあれば使う）。

鶏肉のうまみを含んだご飯がおいしい

シンガポールチキンライス

鶏肉をのせたら、あとは炊飯器まかせ。簡単に作れます。

冷蔵2日　冷凍2週間　レンジで温める

材料（4〜6回分）

米……2合
鶏もも肉……2枚（500g）
しょうが（せん切り）……1かけ分
A［ナンプラー・酒……各大さじ1
　 塩……小さじ½］
B［オイスターソース……大さじ2
　 細ねぎ（みじん切り）……大さじ1と½
　 おろししょうが……小さじ½］

作り方

1 米は洗って炊飯器に入れ、2合の目盛りまで水を加えて30分以上浸水させる。水大さじ2を捨てる。
2 鶏肉は余分な皮と脂を除く。
3 1にAを加えて混ぜ、2、しょうがをのせて普通に炊く。鶏肉の粗熱が取れたら、切り分ける。Bは混ぜ合わせ、食べるときにかける。

きのこもたっぷり刻んで食物繊維量をアップ！

ミートソースパスタ

冷凍するときは1回分ずつに分けましょう。

冷蔵2日　冷凍2週間　レンジで温める

材料（2回分）

- スパゲティ……160g
- 合いびき肉……200g
- マッシュルーム（粗みじん切り）……80g
- まいたけ（粗みじん切り）……120g
- 玉ねぎ（みじん切り）……⅙個分
- トマト水煮缶（ホールタイプ）……1と¼カップ
- A しょうゆ……大さじ½
- A 塩・こしょう……各少々
- 粉チーズ……大さじ2
- オリーブ油……大さじ1

作り方

1 鍋にひき肉を入れて中火で炒め、脂が出てきたら拭き取る。オリーブ油大さじ½、きのこ、玉ねぎを加えて、玉ねぎが透き通るまで炒める。

2 トマト水煮缶を加えて沸騰したらトマトをへらでつぶし、ふたをして弱火にする。ときどき混ぜながら15分ほど煮て、Aで味をととのえる。

3 スパゲティは沸騰した湯に塩（分量外）を入れて表示どおりにゆで、ざるに上げてオリーブ油大さじ½をまぶす。2、粉チーズ大さじ1を混ぜ、食べるときに残りの粉チーズをかける。

きのこは好みのものをミックスしても

きのことひき肉の和風パスタ

にんにくの匂いが気になるときは、代わりにしょうがでも。

冷蔵2日　冷凍2週間　レンジで温める

材料（2回分）

- スパゲティ……160g
- 鶏むねひき肉……180g
- えのきだけ（石づきを取りほぐす）……1パック分
- エリンギ（縦4～6等分に切る）……2～3本分
- にんにく（みじん切り）……1片分
- バター……10g
- A しょうゆ……大さじ2と⅓
- A 酒……大さじ1
- A 顆粒コンソメ……小さじ1
- オリーブ油……大さじ½

作り方

1 スパゲティは沸騰した湯に塩（分量外）を入れて表示どおりにゆで、ざるに上げてオリーブ油をまぶす。

2 フライパンにバターを中火で溶かし、ひき肉、にんにく、きのこを軽くほぐしながら炒める。肉の色が変わったら、1、Aを加えてさっと炒める。

麺は蒸し焼きにしながら炒めるとふっくら

もやし焼きそば

豚肉に大豆もやしをプラス。手軽にたんぱく質を増やせます。

冷蔵2日　冷凍2週間　レンジで温める

材料（2回分）

焼きそば用蒸し麺……2食分
豚ロース薄切り肉（3cm長さに切る）……200g
キャベツ（ざく切り）……3枚分
大豆もやし……1袋（200g）
添付のソース（またはウスターソース）・紅しょうが・青のり……各適量
サラダ油……小さじ1

作り方

1 フライパンにサラダ油を中火で熱し、豚肉を炒める。肉の色が変わってきたら、キャベツ、大豆もやしを加えて炒める。
2 蒸し麺、水⅓カップ（分量外）を加え、ふたをして蒸し焼きにする。水分がとんだらソースを加えて炒め合わせ、紅しょうが、青のりをちらす。

ツナ缶で手軽にたんぱく質を補給

キャベツたっぷり焼きうどん

肉の代わりにツナ缶を活用。すりごまで風味よく仕上げます。

冷蔵2日　冷凍2週間　レンジで温める

材料（2回分）

ゆでうどん（チルドタイプ）……1玉
キャベツ（ざく切り）……⅙個分
玉ねぎ（薄切り）……⅓個分
ツナオイル缶（かたまりタイプ）……大1缶（150g）
A しょうゆ……大さじ2
A みりん……大さじ1
A おろししょうが……小さじ1
白すりごま……少々
かつお節……4g
サラダ油……大さじ½

作り方

1 フライパンにサラダ油を中火で熱し、玉ねぎ、キャベツを炒める。玉ねぎが透き通ってきたらうどんを加えて炒め合わせる。
2 缶汁をきったツナ缶、Aを加えてさっと煮からめ、かつお節、白すりごまをふる。

パン・パンの具

具のせトーストやパンにはさむ具を作りおき！

おなじみの定番トーストメニュー

具だくさんピザトースト

１枚ずつ具材をトッピングして、ラップで包んで保存します。

冷蔵2日　冷凍2週間　オーブントースターで焼く

材料 （4回分）

食パン（6枚切り）……4枚
厚切りベーコン
（5㎜厚さ×1㎝幅に切る）……80g
黄パプリカ（3㎝長さの細切り）
……¼個分
ピーマン（5㎜幅の輪切り）……1個分
トマトケチャップ……大さじ3
溶けるチーズ……100g

＊保存するときは手順1で1個ずつラップで包み、保存袋に入れる。

作り方

1 パン1枚にトマトケチャップ¼量をぬり、溶けるチーズ、ベーコン、パプリカ、ピーマンの順に¼量ずつのせる。残りも同様に作る。
2 つめるときにオーブントースターで５分ほど焼き（冷凍の場合は10〜20分常温で解凍してから）、食べやすい大きさに切る。

さば缶で作れるお手軽トースト

さばチーズのマヨマスタードトースト

朝はトースターで焼くだけ。朝ごはんにも活用できます。

冷蔵2日　冷凍2週間　オーブントースターで焼く

材料 （4回分）

食パン（6枚切り）……4枚
さば水煮缶……1缶（200g）
玉ねぎ（薄切り）……¼個分
スライスチーズ……4枚
マヨネーズ・マスタード
……各適量

＊保存するときは手順2で1個ずつラップで包み、保存袋に入れる。

作り方

1 耐熱容器に玉ねぎを入れ、ふんわりとラップをかけて電子レンジで30〜40秒加熱する。冷水にとり、水けをしっかり絞る。さば缶は缶汁をしっかりきって軽くほぐす。
2 パン１枚にスライスチーズ１枚、玉ねぎ、さばを¼量ずつのせ、マヨネーズ、マスタードを絞る。残りも同様に作る。
3 つめるときにオーブントースターで５分ほど焼き（冷凍の場合は10〜20分常温で解凍してから）、食べやすい大きさに切る。

みそを加えると味に奥行きが出ます

みそマヨチキン

高たんぱくなささみをたっぷり。ごぼうで歯ごたえのある具に。

冷蔵2日　冷凍1週間　そのままつめる

材料（4回分）

鶏ささみ……4本
ごぼう（ささがき）……¼本分（40g）
塩・こしょう……各少々
酒……大さじ1
A マヨネーズ……大さじ3
A みそ……小さじ1～1と½
A 練り辛子……小さじ½

＊サンドイッチにするときはロールパン、食パン（8枚切り）、バゲット、ライ麦パンなど好みのパンにはさむ。

作り方

1 耐熱皿にささみを入れて塩、こしょうを両面にふり、酒をふる。ふんわりとラップをかけて電子レンジで2分ほど加熱して上下を返す。ふんわりとラップをかけ、さらに2分加熱する。粗熱が取れたらさいてほぐし、ペーパータオルに包んで水けをしっかり取る。
2 ごぼうは水にさらして水けをきり、沸騰した湯で3～5分ゆでてざるに上げる。水けをしっかりきり、粗熱を取る。
3 ボウルにAを混ぜ合わせ、1、2を加えてあえる。

チーズでコクをプラス。食べごたえがあります

ツナチーにんじん

たんぱく質の吸収を助けるビタミンが豊富なにんじんをたっぷり。

冷蔵2日　冷凍1週間　そのままつめる

材料（4回分）

にんじん（せん切り）……⅓本分（70g）
ツナ水煮缶……大1缶（150g）
プロセスチーズ（5㎜厚さ×1㎝四方に切る）……50g
A マヨネーズ……大さじ2～2と½
A レモン汁……小さじ½
A 塩・こしょう……各少々

※ツナはP.110の自家製ツナ風でもOK。

作り方

1 耐熱容器ににんじんを入れ、ふんわりとラップをかけて電子レンジで40秒ほど加熱する。粗熱が取れたら水けをしっかりと絞る。ツナは缶汁をきる。
2 ボウルにAを混ぜ合わせ、1、チーズを加えてあえる。

＊サンドイッチにするときは食パン（8枚切り）かサンドイッチ用パンにはさむ。

Column3

たんぱく質をちょい足し！

手作りふりかけ

ちりめんじゃこや蒸し大豆、桜えびなどで作る手作りふりかけで、
たんぱく質のちょい足しを。多めに作って冷凍しておいても便利！

たんぱく質
11.6g
(全量分)

冷蔵3～4日

冷凍2週間

粗く刻んだ大豆の食感が◎

大豆と塩昆布のふりかけ

材料（作りやすい分量）

蒸し大豆(粗く刻む)	50g
塩昆布(刻む)	8g
かつお節	2g
しょうゆ	小さじ1
サラダ油	小さじ½

作り方

フライパンにサラダ油を中火で熱し、大豆を炒める。油がまわったら塩昆布、かつお節、しょうゆを加えて炒め合わせる。

大根の葉の代わりに小松菜などでもOK

じゃこと大根葉のおかかふりかけ

材料（作りやすい分量）

ちりめんじゃこ		25g
大根の葉(刻む)		½カップ
かつお節		3～4g
A	しょうゆ	小さじ1
A	砂糖	小さじ½
ごま油		小さじ½

作り方

フライパンにごま油を中火で熱し、大根の葉を炒める。しんなりして水分が出てきたらペーパータオルで吸い取る。ちりめんじゃこ、かつお節、Aを加えて炒め合わせる。

たんぱく質
14.1g
(全量分)

冷蔵2～3日

冷凍2週間

たんぱく質
13.2g
(全量分)

冷蔵1週間

冷凍2週間

ごま油の香りが香ばしい

桜えびとのりの韓国風ふりかけ

材料（作りやすい分量）

乾燥桜えび	15g
韓国のり(八つ切り)	8枚分
白いりごま	大さじ1
ごま油	小さじ½

作り方

1 韓国のりは小さくちぎる。
2 フライパンにごま油を中火で熱し、桜えびを炒める。油がまわったら白いりごまを加えて軽く炒め、火を止める。さめたら1を加えて混ぜる。

Part4

卵・大豆製品のおかず

調理が簡単でストックしやすい卵は、たんぱく質素材としても優秀。
お弁当の彩りにも役立ちます。また、植物性たんぱく質が多い大豆は、
厚揚げや油揚げなど、加工品も多いので、
さまざまなおかずにアレンジできます。

たんぱく質
3.5g
44kcal
糖質0.1g
1切れ分

だしが効いてふんわりやわらか！

だし巻き卵

シンプルな基本の卵焼き。どんなおかずともマッチします。

冷蔵2日　冷凍2週間　レンジで温める

材料（6切れ分）

卵		3個
A	だし汁	大さじ2
	酒	大さじ½
	しょうゆ	小さじ1
	塩	少々
サラダ油		小さじ½

作り方

1 ボウルに卵を溶きほぐし、Aを加えて混ぜる。
2 卵焼き器にサラダ油を中火で熱し、1の⅔量を流し入れ、手早く混ぜる。半熟状になってきたら弱火にし、奥から手前に巻く。卵焼きを奥に移動させ、残りの卵液を流し入れ、奥から手前にくるくると巻いて形を整え、転がしながら全体に火を通す。
3 粗熱が取れたら6等分に切り分ける。

たんぱく質
3.4g
46kcal
糖質0.9g
1切れ分

ホッとする味で彩りにも欠かせない！

甘辛卵焼き

砂糖を加えてふんわりやさしい味わいに。甘辛味の魚おかずなどに。

冷蔵2日　冷凍2週間　レンジで温める

材料（6切れ分）

卵		3個
A	酒	小さじ1
	砂糖	大さじ½
	しょうゆ	小さじ½
	塩	少々
サラダ油		小さじ½

作り方

1 ボウルに卵を溶きほぐし、Aを加えて混ぜる。
2 上の「だし巻き卵」の作り方を参照して焼く。粗熱が取れたら6等分に切り分ける。

具材入りで食べごたえがグンとアップ

ひき肉とねぎのボリューム卵焼き

ひき肉をプラスして、ボリュームもたんぱく質もともにアップ。

冷蔵2日　冷凍2週間　レンジで温める

材料（8切れ分）

- 卵……3個
- 鶏ひき肉……100g
- 青ねぎ（小口切り）……2〜3本分
- A
  - 酒・しょうゆ……各小さじ1
  - 砂糖……大さじ½
  - 塩……少々
- サラダ油……小さじ½

作り方

1 フライパンにひき肉、Aを入れて中火にかけ、混ぜながら2分ほど炒めて火を通す。ボウルに移し、粗熱が取れたら卵を割り入れ、青ねぎを加えて混ぜる。

2 P.140の「だし巻き卵」の作り方を参照して焼く。粗熱が取れたら8等分に切る。

和食弁当にぴったりの卵おかず

たらこと青じその卵焼き

青じその香りが風味よく、ご飯がすすみます。

冷蔵2日　冷凍2週間　レンジで温める

材料（6切れ分）

- 卵……3個
- たらこ（薄皮から出してほぐす）……20g
- 青じそ（せん切り）……3枚分
- A
  - 酒……小さじ1
  - 砂糖……大さじ½
  - しょうゆ……小さじ⅔
  - 塩……少々
- サラダ油……小さじ½

作り方

1 ボウルに卵を溶きほぐし、A、青じそを加えて混ぜる。

2 フライパンにサラダ油を中火で熱し、1を流し入れて手早く混ぜる。半熟になったら弱火にし、たらこをのせ、奥から手前に巻き、上下を返しながら火を通す。粗熱が取れたら6等分に切る。

ソーセージを入れてたんぱく質量をアップ

ソーセージとパセリのスクランブルエッグ

定番のお弁当おかず。パンにはさんでもおいしい。

冷蔵2日 冷凍2週間 レンジで温める

材料 （4回分）

卵……4個
ソーセージ（8㎜幅の斜め切り）……3本分
A
- パセリ（みじん切り）……大さじ1と½
- 牛乳……大さじ1
- 塩・こしょう……各少々

オリーブ油……小さじ1

作り方

1 ボウルに卵を溶きほぐし、A、ソーセージを加えて混ぜる。
2 フライパンにオリーブ油を中火で熱し、1を流し入れて手早く炒める。

ごま油で焼く中華風オムレツ

かに玉風ねぎオムレツ

具材はかにかま。たんぱく質を強化できます。

冷蔵2日 冷凍2週間 レンジで温める

材料 （4回分）

卵……4個
かに風味かまぼこ（半分に切る）……4本分
長ねぎ（みじん切り）……大さじ2
A
- 酒……小さじ1
- しょうゆ……小さじ½
- 鶏ガラスープの素……小さじ¼
- 塩・こしょう……各少々

ごま油……小さじ2

作り方

1 ボウルに卵を溶きほぐし、A、軽くほぐしたかにかま、長ねぎを加えて混ぜる。
2 フライパンにごま油小さじ1を中火で熱し、1の½量を流し入れる。半熟になったら折りたたみ、弱火にして上下を返しながら火を通す。同様にしてもう1個作り、粗熱が取れたら1個を4等分に切る。

甘辛だれをからめたボリュームおかず

肉巻きゆで卵

ゆで卵に豚肉を巻き巻き。メインでもサブでも使えるおかずです。

冷蔵2日　冷凍NG　そのままつめる

材料（4個分）

- ゆで卵（かたゆで）……4個
- 豚ロース薄切り肉……4枚（80g）
- 薄力粉……適量
- A しょうゆ・みりん・酒・水……各大さじ1
- A 砂糖……小さじ1
- サラダ油……小さじ1

作り方

1 豚肉は1枚ずつ広げ、薄力粉をまぶしたゆで卵をのせてしっかり巻きつける。

2 フライパンにサラダ油を中火で熱し、1を入れる。弱火にしてふたをし、転がしながら全体を焼く。Aを加えて煮からめる。

梅干しマヨが味わい深く

ゆで卵とブロッコリーの梅マヨ焼き

カップに入れて焼くので、お弁当のすき間埋めにも重宝します。

冷蔵2日　冷凍NG　トースターで軽く温める

材料（4回分）

- ゆで卵（半分に切る）……4個分
- ブロッコリー（小さく切る）……4～6房分
- 塩……少々
- A 梅干し（種を除いて刻む）……1個分
- A マヨネーズ……大さじ3

作り方

1 ブロッコリーは沸騰した湯で2～3分ゆでてざるに上げ、水けをきる。

2 アルミカップなどに1、ゆで卵を等分に入れ、卵に塩をふる。混ぜ合わせたAをかけ、オーブントースターで4分ほど焼く。

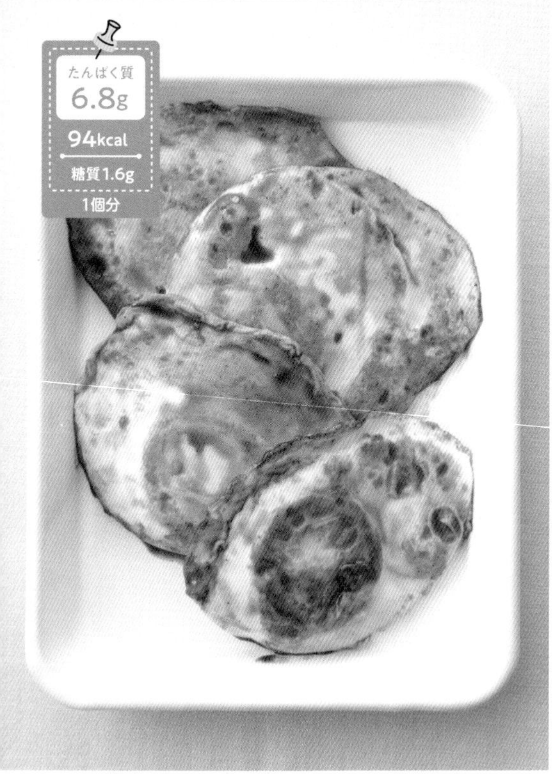

たんぱく質
6.8g
94kcal
糖質1.6g
1個分

中濃ソースの甘酸っぱさがマッチ

目玉焼きのソースがらめ

サンドイッチの具にしてもおいしい！

冷蔵2日　冷凍NG　そのままつめる

材料（4個分）

卵	4個
水	¼〜⅓カップ
中濃ソース	大さじ1
サラダ油	小さじ1

作り方

1 フライパンにサラダ油を中火で熱し、卵を割り入れる。
2 水を加えてふたをし、4〜5分蒸し焼きにする。上下を返してさらに焼き、中まで火を通す。中濃ソースを加えて煮からめる。

たんぱく質
8.7g
115kcal
糖質1.9g
1個分

お弁当につめるときは半分に切ってもOK ！

ハムエッグのケチャップがらめ

上下を返して黄身までしっかり火を通すのが、作りおきのポイント。

冷蔵2日　冷凍NG　そのままつめる

材料（4個分）

卵	4個
ハム	4枚
塩・こしょう	各少々
水	¼〜⅓カップ
トマトケチャップ	大さじ1と½
サラダ油	小さじ1

作り方

1 フライパンにサラダ油を中火で熱し、ハムを4枚並べる。ハムの上に卵を1個ずつ割り入れる。
2 塩、こしょうをふって水を回し入れ、ふたをして4〜5分蒸し焼きにする。上下を返してさらに焼き、中まで火を通す。トマトケチャップを加えてからめる。

お弁当がパッと明るくなります

ミニオムレツ

弱火で火を通すと焦げにくく、さめてもふんわりした口当たりに。

冷蔵2日 冷凍2週間 レンジで温める

材料（4個分）

卵	4個
A 牛乳	大さじ1と½
A 塩・こしょう	各少々
トマトケチャップ	適量
オリーブ油	小さじ2

作り方

1 ボウルに卵を溶きほぐし、Aを加えて混ぜ合わせる。

2 フライパンにオリーブ油小さじ½を中火で熱し、1の¼量を流し込んで手早く混ぜる。木の葉形に形を整え、弱火で上下を返しながら中まで火を通す。同様にして4個作る。食べるときにトマトケチャップをかける。

チーズとバターでリッチな味わい

キッシュ風チーズオムレツ

きのこを2種加えて、食物繊維もアップします。

冷蔵2日 冷凍2週間 そのままつめる

材料（8個分）

卵	4個
A 牛乳	大さじ2
A 塩・こしょう	各少々
A 溶けるチーズ	30g
しめじ（石づきを取ってほぐす）	½パック分（40g）
マッシュルーム（石づきを取って薄切り）	3個分
バター	5g
トマトケチャップ	適量

作り方

1 ボウルに卵を溶きほぐし、Aを加えて混ぜ合わせる。

2 フライパンにバターを中火で溶かし、きのこを2〜4分炒め、1を流し入れる。手早く混ぜて半熟状になったら、弱火にしてふたをし、3〜4分焼く。上下を返してふたをし、3〜4分焼いて中まで火を通す。

3 粗熱が取れたら、8等分に切り分ける。食べるときにトマトケチャップをかける。

たんぱく質 7.2g
85kcal
糖質 0.2g
1個分

人気の味つけ卵を中華風にアレンジ

味つけ卵

砂糖は使わず、オイスターソースの甘みとコクを利用します。

冷蔵2~3日　冷凍NG　そのままつめる

材料（6個分）

卵……6個
A オイスターソース……大さじ3
しょうゆ・水……各大さじ1
ごま油……小さじ½

作り方

1 小鍋に卵とかぶるくらいの水を入れ、中火にかける。沸騰したら弱火にして9～10分ゆでる。冷水にとってさまし、殻をむく。
2 ファスナーつき保存袋にA、1を入れて密封し、冷蔵室で半日以上漬ける。

たんぱく質 7.0g
98kcal
糖質 4.6g
1個分

塩麹に漬けるだけなのに激うま！

ゆで卵の塩麹漬け

保存袋の空気をしっかり抜くと、早く漬かります。

冷蔵2~3日　冷凍NG　そのままつめる

材料（6個分）

卵……6個
塩麹……½カップ

作り方

1 小鍋に卵とかぶるくらいの水を入れ、中火にかける。沸騰したら弱火にして9～10分ゆでる。冷水にとってさまし、殻をむく。
2 ファスナーつき保存袋に塩麹、1を入れて密封し、冷蔵室で半日以上漬ける。

すし酢がピクルス液代わりだから簡単！

うずら卵のピクルス

うずら卵は水煮を使うので、火も使わずにラクチン。

冷蔵2~3日　冷凍NG　そのままつめる

材料（12個分）

うずら卵水煮……12個
すし酢……½カップ

作り方

ファスナーつき保存袋にうずら卵、すし酢を入れ、冷蔵室でひと晩以上おく。

彩りを足したいときにおすすめ

うずら卵のカレー風味漬け

もう少したんぱく質を足したいというときのちょい足しに。

冷蔵2~3日　冷凍NG　そのままつめる

材料（12個分）

うずら卵水煮……12個
A［水……½カップ
　カレー粉……小さじ1
　しょうゆ……小さじ½
　塩……小さじ¼］

作り方

1 小鍋にAを入れて煮立て、火を止める。
2 ファスナーつき保存袋に1、うずら卵を入れ、2時間以上漬ける。

大豆加工品

水分の少ない厚揚げや油揚げが、お弁当向き。

たんぱく質 11.6g
239kcal
糖質5.5g
1/4量分

しょうがを効かせて風味よく仕上げて

厚揚げのから揚げ

片栗粉をまぶして揚げた竜田揚げ風。肉に負けない満足感！

冷蔵2~3日　冷凍NG　レンジ＋トースターで温める

材料（4～6回分）

厚揚げ（3㎝四方に切る）……2枚分（400g）
A
- しょうゆ……大さじ2と½
- 酒……大さじ1
- おろししょうが……小さじ½

片栗粉……適量
揚げ油……適量

作り方

1 ボウルに厚揚げ、Aを入れ、ときどき上下を返しながら15分漬ける。片栗粉を全体にしっかりとまぶす。
2 鍋に揚げ油を170℃に熱し、1をカリッとするまで3～4分揚げる。

たんぱく質 9.8g
157kcal
糖質0.9g
1/4量分

明太子の代わりにたらこでもOK！

厚揚げの明太マヨあえ

レンチンしてあえるだけ。作るのもラクチンです。

冷蔵2日　冷凍NG　そのままつめる

材料（4～5回分）

厚揚げ……1と½枚（300g）
辛子明太子（薄皮から出してほぐす）……30g
青じそ……4枚
マヨネーズ……大さじ2

作り方

1 厚揚げは耐熱容器に入れ、ふんわりとラップをかけて電子レンジで2分加熱する。汁けを拭き、2㎝角に切る。
2 青じそは粗みじん切りにし、水にさらして水けを絞る。
3 ボウルに1、2、明太子、マヨネーズを入れてあえる。

牛肉はももを使ってカロリーダウン

厚揚げの肉巻きみそ照り焼き

厚揚げ＋牛肉のボリュームおかず。濃厚な甘辛味がご飯に合う！

冷蔵2～3日　冷凍NG　レンジで温める

材料（8個分）

厚揚げ（8等分に切る）……2枚分（400g）
牛もも薄切り肉……200g（8枚）
薄力粉……適量
A
- みそ・みりん・しょうゆ……各大さじ½
- 酒……大さじ1
- 砂糖……小さじ1
- おろししょうが……小さじ½

ごま油……小さじ1

作り方

1 牛肉は8等分にして広げ、薄力粉をふる。厚揚げをのせてしっかり巻き、全体に薄力粉をまぶす。
2 フライパンにごま油を中火で熱し、1の巻き終わりを下にして並べる。ふたをして弱火にし、焼く面を変えながら全体を10～12分焼く。
3 余分な油を拭いて、混ぜ合わせたAを加えて煮からめる。

魚介のおかずと相性ぴったり

厚揚げのねぎみそチーズ焼き

アルミカップに入れて焼いておくと、使う分だけつめられます。

冷蔵2日　冷凍NG　トースターで軽く温める

材料（8個分）

厚揚げ……1と½枚（300g）
長ねぎ（小口切り）……10cm分
溶けるチーズ……50g
みそ……小さじ1

作り方

1 厚揚げは厚みを1.5cmに切ってから、3cm角に切る。
2 アルミカップに1を入れて上にみそをぬり、長ねぎ、溶けるチーズの順にのせる。オーブントースターでチーズが溶けるまで4～5分焼く。

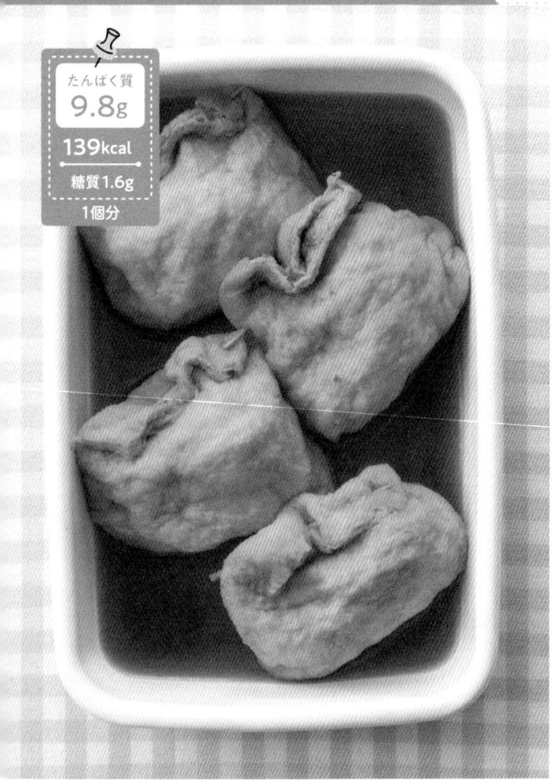

しみじみおいしいおふくろの味

油揚げの宝煮

卵入りだから、たんぱく質がしっかりとれます。

冷蔵2日　冷凍2週間　そのままつめる

材料（4個分）

油揚げ……大2枚
卵……小4個
長ねぎ（小口切り）……10cm分
A　だし汁……1と½カップ
　しょうゆ・みりん……各大さじ1と½

作り方

1 油揚げは横半分に切り、箸を押しながら転がして袋状に開く。長ねぎを等分に入れる。
2 卵は小さな器に1個ずつ割り入れ、静かに1に入れてつま楊枝で留める。
3 鍋にAを入れて中火にかけ、沸騰したら2を入れる。落としぶたをして弱火にし、途中上下を返して8〜10分煮る。そのままさまして味を含ませる。冷凍する場合は汁けをきって保存する。

青じそと一緒に巻いてさわやかな風味に

油揚げの豚肉ロール巻き

油揚げと豚肉のコクで、満足感のあるおかずになります。

冷蔵2日　冷凍2週間　そのままつめる

材料（4〜6回分）

油揚げ……3枚
豚薄切り肉（しゃぶしゃぶ用）……6枚
青じそ……6枚
A　だし汁……1カップ
　塩……小さじ¼弱
ポン酢しょうゆ……大さじ½

作り方

1 油揚げは3辺を細く切り落とし、3枚とも開く。
2 1の手前に青じそ、豚肉各2枚を広げて置き、手前からしっかりと巻く。巻き終わりをつま楊枝2本で留める。全部で3本作る。
3 鍋にAを煮立て、2を入れる。ふたをし、途中転がしながら弱火で6〜8分煮る。
4 取り出してポン酢しょうゆをかける。使う分だけ切り分ける。

ヨーグルトを加えてさっぱりクリーミーに

おからのポテトサラダ風

マヨネーズとヨーグルトで、パサつきなしのしっとり仕上げに。

冷蔵2日　冷凍NG　そのままつめる

材料（6回分）

- おから（生）……150g
- きゅうり（薄切り）……1本分
- ハム……2枚
- 玉ねぎ（薄切り）……¼個分
- A
  - マヨネーズ……大さじ5〜6
  - プレーンヨーグルト……大さじ1と½
  - レモン汁……大さじ1
  - 塩・こしょう……各少々

作り方

1 おからは耐熱容器に入れ、ラップをかけずに電子レンジで2分加熱し、粗熱を取る。

2 きゅうりと玉ねぎは耐熱容器に入れてふんわりとラップをかけ、電子レンジで2分ほど加熱する。冷水にとって水けを絞る。

3 ハムは半分に切ってから5mm幅に切り、ボウルに入れる。1、2、Aを加えてあえる。

ほんのり甘みのあるやさしい味

いり豆腐

水分の多い豆腐はポロポロになるまでしっかり炒めましょう。

冷蔵2日　冷凍NG　レンジで温める

材料（4〜6回分）

- 木綿豆腐（水きりする）……1丁（400g）
- 鶏ひき肉……80g
- にんじん（3cm長さの細切り）……¼本分
- さやいんげん（斜め切り）……2本分
- 卵（溶きほぐす）……1個分
- A
  - しょうゆ……大さじ1
  - みりん……大さじ½
  - 砂糖……小さじ1
  - 和風顆粒だしの素・おろししょうが……各小さじ½
- サラダ油……小さじ1

作り方

1 フライパンにサラダ油を中火で熱し、ひき肉を1〜2分炒める。肉の色が変わったら、にんじん、さやいんげんを加えて炒める。

2 全体に油がまわったら豆腐を手でくずしながら加えて炒め、溶き卵を加えてぽろぽろになるまで炒める。Aを加えて、水分をとばすように炒め合わせる。

たんぱく質 9.4g
148kcal
糖質6.8g
1/4量分

下煮をしてから甘辛だれをからめます

高野豆腐の照り焼き

高野豆腐の独特の食感が楽しめる甘辛おかず。

冷蔵2~3日　冷凍NG　レンジで温める

材料（4～6回分）

- 高野豆腐……4枚
- 片栗粉……適量
- A
  - 水……1と½カップ
  - めんつゆ(2倍濃縮)……¼カップ
- B
  - しょうゆ・みりん・酒……各大さじ1と⅓
  - 砂糖……小さじ1
- サラダ油……大さじ½

作り方

1 フライパンにAを入れて中火にかけ、沸騰したら高野豆腐を加える。ふたをして5分ほど煮て取り出す。粗熱が取れたら汁けを絞って1枚を4等分に切り、片栗粉をまぶす。

2 フライパンにサラダ油を中火で熱し、1を入れる。ふたをして、両面を2～3分ずつ焼く。Bを加えて煮からめる。

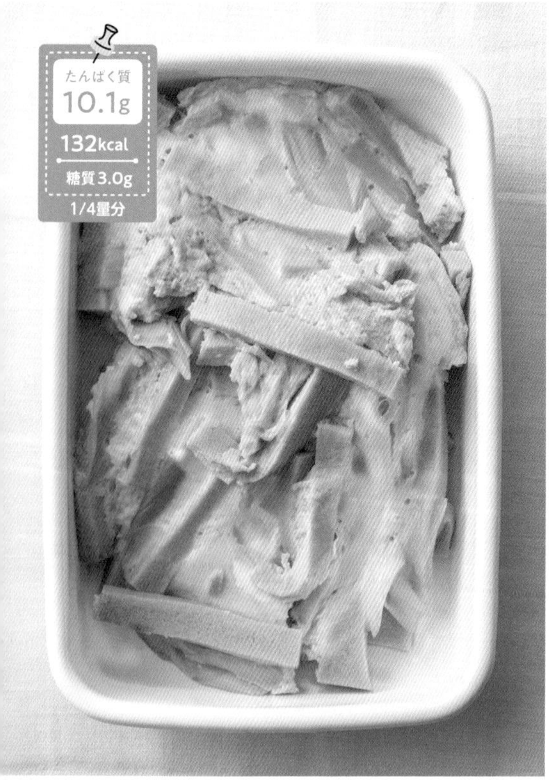

たんぱく質 10.1g
132kcal
糖質3.0g
1/4量分

だしを含んでやさしい味わいに

高野豆腐の卵とじ

お弁当につめるときは、ペーパータオルで汁けを取りましょう。

冷蔵2日　冷凍NG　レンジで温める

材料（4～6回分）

- 高野豆腐……2枚
- 卵(溶きほぐす)……3個分
- 長ねぎ(斜め薄切り)……⅓本分
- A
  - だし汁……¾カップ
  - しょうゆ・みりん・酒……各大さじ1と⅓
  - 砂糖……小さじ1

作り方

1 高野豆腐は水につけて表示どおりにもどし、水けを絞る。5㎜幅に細長く切る。

2 フライパンにA、1、長ねぎを入れて中火にかけ、沸騰したら弱火にしてふたをし、4分ほど煮る。

3 溶き卵を回し入れてふたをし、3～4分煮て火を通す。食べやすい大きさに切り分ける。

上品な味つけは和風弁当にぴったり！

高野豆腐と野菜の煮もの

高野豆腐は食物繊維も多い優秀食材。常備できるので活用して。

冷蔵2~3日　冷凍NG　レンジで温める

材料 (4~6回分)

- 高野豆腐……3枚
- にんじん(8㎜厚さの輪切り)……⅓本分(50g)
- さやいんげん(長さ3~4等分に切る)……8本分
- A
  - だし汁……2カップ
  - 砂糖……大さじ1
  - しょうゆ……小さじ2
  - 塩……小さじ½

作り方

1 鍋にAを入れて中火にかけ、沸騰したら高野豆腐、にんじんを加える。ふたをして弱火にし、煮汁が⅓程度になるまで10~12分煮含める(5分ほど煮たら、途中でさやいんげんを加える)。

2 火を止めて粗熱が取れたら、高野豆腐を食べやすい大きさに切り分ける。

肉だねをつめてボリュームアップ！

高野豆腐の肉づめ煮

さましながら高野豆腐に味を含ませるので、時間がたってもおいしい。

冷蔵2~3日　冷凍NG　レンジで温める

材料 (8個分)

- 高野豆腐……4枚
- A
  - 鶏ひき肉……100g
  - 長ねぎ(みじん切り)……大さじ1
  - おろししょうが……小さじ⅓
  - 塩……少々
- B
  - だし汁……2カップ
  - しょうゆ……大さじ1弱
  - 砂糖……小さじ1
  - 塩……少々

作り方

1 高野豆腐は水につけて表示どおりにもどし、軽く押さえて水けを絞り、半分に切る。それぞれ切り込みを入れてポケット状にする。

2 Aはよく練り合わせ、1の中に等分につめる。

3 鍋にBを入れて中火にかけ、沸騰したら2を入れてふたをし、弱火にして10分ほど煮含める。火を止めてそのままさます。

たんぱく質 10.2g
133kcal
糖質0.5g
1/4量分

大豆、ツナ、チーズのトリプルたんぱく質！

大豆のツナチーズサラダ

蒸し大豆のホクホクした食感が楽しめます。パンにはさんでも。

冷蔵2日　冷凍NG　そのままつめる

材料 （4～6回分）

蒸し大豆……100g
ツナ水煮缶……小1缶(70g)
さやいんげん……10本
プロセスチーズ(切れているタイプ・1㎝四方に切る)……50g
A
- マヨネーズ……大さじ1と½
- マスタード……小さじ½
- 塩・こしょう……各少々

作り方

1 さやいんげんは沸騰した湯で5分ほどゆでて冷水にとり、水けをきって2㎝幅に切る。
2 ボウルに1、大豆、チーズ、缶汁をきったツナ缶、Aを入れてあえる。

たんぱく質 7.0g
125kcal
糖質3.2g
1/4量分

ご飯にもパンにも合うおかず

大豆とソーセージのトマト煮

軽く煮つめるとうまみが凝縮され、つめやすくもなります。

冷蔵2~3日　冷凍2週間　レンジで温める

材料 （4～6回分）

蒸し大豆……100g
玉ねぎ(みじん切り)……¼個分
粗びきソーセージ(8㎜幅に切る)……4本分
トマト水煮缶(ホールタイプ)……1カップ
塩・こしょう……各少々

作り方

小鍋にすべての材料を入れて中火にかける。沸騰したら弱火にしてふたをし、ときどき混ぜながら10分ほど煮る。ふたを取り、水分が多ければ軽く煮つめる。

たんぱく質 12.5g
101kcal
糖質2.5g
1/4量分

ご飯にのせてそぼろ丼風にしても

大豆ミートのそぼろ風

ひき肉の代わりに使える、人気の大豆ミートを使ったおかず。

冷蔵2~3日　冷凍2週間　レンジで温める

材料 （4～6回分）

大豆ミート(ミンチタイプ・乾燥)……100g
A
- しょうゆ……大さじ2と½
- 酒・砂糖……各大さじ1
- おろししょうが……小さじ½

作り方

1 大豆ミートは沸騰した湯で表示時間どおりにゆでてざるに上げ、粗熱が取れたらしっかりと水けをきる。
2 フライパンにA、1を入れて中火にかけ、汁けがほとんどなくなるまで5分ほど炒める。

豆腐と大豆のヘルシーナゲット

大豆ナゲット

大豆の植物性たんぱく質がたっぷり。マヨネーズでしっとり食感に。

冷蔵2~3日　冷凍2週間　レンジで温める

材料（10個分）

木綿豆腐（しっかり水きりする）……1丁（400g）
蒸し大豆（粗く刻む）……35g
玉ねぎ（みじん切り）……⅛個分
A
- 片栗粉……大さじ1と⅓
- マヨネーズ……大さじ1
- 顆粒コンソメ……小さじ1
- 塩・こしょう……各少々

片栗粉・ハーブソルト（または塩＋粗びき黒こしょう）・トマトケチャップ（好みで）・揚げ油……各適量

作り方

1 ボウルに豆腐、大豆、玉ねぎ、Aを入れ、練るようによく混ぜる。10～12等分にしてだ円に丸め、片栗粉をまぶす。
2 鍋に揚げ油を170℃に熱し、1を3～5分揚げる。熱いうちにハーブソルトなどをふる。食べるときに、好みでトマトケチャップをかける。

食欲をそそるバターしょうゆ味

大豆とちくわのバター炒め

コロコロした形がかわいいサブおかず。たんぱく質のちょい足しに。

冷蔵2~3日　冷凍2週間　レンジで温める

材料（4～6回分）

大豆水煮……150g
ちくわ（5mm幅に切る）……1本分
長ねぎ（粗みじん切り）……10cm分
バター……5g
しょうゆ……小さじ⅔

作り方

フライパンにバターを弱めの中火で熱し、ちくわ、長ねぎ、大豆を焦がさないように3～5分炒める。しょうゆを加えてさっと混ぜる。

カルシウム不足の方におすすめです

大豆のじゃこ炒め

お弁当の箸休めにぴったり。カップに入れておくとつめやすい！

冷蔵2日　冷凍2週間　レンジで温める

材料（4～6回分）

大豆水煮……150g
ちりめんじゃこ……20g
しょうゆ……小さじ⅓
オリーブ油……小さじ½

作り方

1 フライパンにオリーブ油を弱めの中火で熱し、大豆を入れて2～3分炒める。
2 ちりめんじゃこを加えて1～2分炒め、しょうゆを加えてさっと炒め合わせる。

Column4

お弁当にもう一品！

たんぱく質がとれるスープジャーレシピ

具材をさっと煮て、アツアツのままジャーに入れれば、
お昼どきには火が通って食べごろに。おにぎりやサンドイッチのおともに。

※スープジャーはスープを入れる前に熱湯を入れて温めておきます。

たんぱく質
15.5g
(1人分)

具だくさん豚汁

材料 (1人分)

豚こま切れ肉……70g
にんじん(いちょう切り)……30g
ごぼう(斜め薄切りまたはささがき)……30g
長ねぎ(小口切り)……8cm分
A 水……1カップ
A 和風顆粒だしの素……小さじ½
A おろししょうが……小さじ½
みそ……小さじ1と½〜2

作り方

鍋に豚肉、にんじん、ごぼう、長ねぎ、Aを入れて中火にかけ、沸騰したらふたをして弱火で2〜3分煮る。肉の色が変わったらみそを溶き入れ、スープジャーに入れる。

シーフードミックスのカレークリームスープ

たんぱく質
11.7g
(1人分)

材料 (1人分)

冷凍シーフードミックス……60g
玉ねぎ(薄切り)……30g
さやいんげん(3〜4cm長さに切る)……3本分
水……½カップ
ココナッツミルク(なければ牛乳)……½カップ
カレー粉……大さじ½
ナンプラー……小さじ1と½

作り方

鍋にすべての材料を入れて中火にかける。沸騰したら弱火にして、ときどき混ぜながら2〜3分煮て、スープジャーに入れる。

たんぱく質
16.8g
(1人分)

鶏のトマトスープ

材料 (1人分)

鶏ささみ(筋を除く)……1と½本分(60g)
ズッキーニ(8mm厚さの半月切り)……¼本分
玉ねぎ(薄切り)……30g
塩・こしょう……各少々
A トマト水煮缶(カット)……½カップ
A 水……100〜120mℓ
A 顆粒コンソメ……小さじ½
粉チーズ……小さじ1〜2

作り方

1 ささみはひと口大のそぎ切りにして塩、こしょうをふる。
2 鍋に1、ズッキーニ、玉ねぎ、Aを入れて中火にかけ、煮立ったらふたをして弱火で2〜3分煮る。肉の色が変わったらスープジャーに入れて粉チーズをかける。

Part5

野菜・いも・きのこ.etcのおかず

お弁当の栄養、彩りなどのバランスを整えるために
欠かせない野菜に、たんぱく質がとれる素材をプラスした
おかずを紹介します。きのこや乾物、海藻のおかずも！

ブロッコリー

100g中5.4gと、野菜の中でもたんぱく質が多いです。

油揚げでコクが加わります

ブロッコリーと油揚げのごまあえ

冷蔵2日　冷凍1週間　レンジで温める

材料（4～6回分）

ブロッコリー（小房に分ける）……½株分（120g）
油揚げ……½枚
A
- 白すりごま……大さじ1と½
- しょうゆ……小さじ1
- 砂糖……小さじ⅓
- 和風顆粒だしの素……小さじ¼

作り方

1 ブロッコリーは2～3分ゆで、ざるに上げて水けをよくきる。
2 続けて油揚げを1の湯で1分ほどゆで、水にさらして水けを絞り、長さを半分に切って8mm幅に切る。
3 ボウルに1、2、Aを入れてあえる。

さっぱりした味で箸休めにぴったり

ブロッコリーとハムのマリネ

冷蔵2日　冷凍NG　そのままつめる

材料（4～6回分）

ブロッコリー（小房に分ける）……½株分（120g）
ハム……2枚
玉ねぎ（薄切り）……⅛個分
A
- オリーブ油……大さじ1と½
- 酢……小さじ2
- 塩・粗びき黒こしょう・砂糖……各少々

作り方

1 ブロッコリーは2～3分ゆで、ざるに上げて水けをよくきる。
2 続けて玉ねぎを1の湯で20秒ほどゆで、水にさらして水けを絞る。
3 ハムは長さを半分にして、5mm幅に切り、ボウルに入れて1、2、Aを加えてあえる。

ホワイトソースとチーズがベストマッチ

ブロッコリーとコーンのグラタン風

冷蔵2日　冷凍1週間　トースターで温める

材料（4～6回分）

ブロッコリー（小房に分ける）……⅓株分（80g）
A
- ホワイトソース（市販）……70g
- コーン……30g
- 塩……少々

溶けるチーズ……40g

作り方

1 ブロッコリーは2～3分ゆで、ざるに上げて水けをよくきる。
2 ボウルに1、Aを入れてあえ、アルミカップに入れる。溶けるチーズをのせ、オーブントースターでチーズが溶けるまで5分ほど焼く。

じゃこの塩けとうまみがマッチ

ブロッコリーのじゃこ炒め

冷蔵2日　冷凍1週間　レンジで温める

材料（4〜6回分）

ブロッコリー（小房に分ける）……½株分（120g）
ちりめんじゃこ……10g
A オイスターソース……小さじ2
A 酒……小さじ1
A おろししょうが……小さじ¼
ごま油……小さじ1

作り方

1 フライパンにごま油を中火で熱し、ブロッコリーを入れる。ふたをして、ときどき混ぜながら弱火で3〜5分炒める。
2 ちりめんじゃこを加えて中火にし、1〜2分炒める。Aを加えて煮からめる。

和風にも洋風にもぴったり！

ブロッコリーのクリームチーズあえ

冷蔵2日　冷凍NG　そのままつめる

材料（4〜6回分）

ブロッコリー（小房に分ける）……½株分（120g）
クリームチーズ……35g
A かつお節……2g
A しょうゆ……小さじ1

作り方

1 ブロッコリーは2〜3分塩ゆで（分量外）し、ざるに上げて水けをよくきる。クリームチーズは1cm角に切る。
2 ボウルに1、Aを入れてあえる。

クリーミーな味わいが最高！

ブロッコリーと卵のマヨサラダ

冷蔵2〜3日　冷凍NG　そのままつめる

材料（4〜6回分）

ブロッコリー（小房に分ける）……½株分（120g）
玉ねぎ（薄切り）……⅛個分
ゆで卵（かたゆで）……2個
A マヨネーズ……大さじ3
A 酢……大さじ½
A 塩・こしょう……各少々

作り方

1 ブロッコリーは2〜3分塩ゆで（分量外）し、ざるに上げて水けをよくきる。続けて玉ねぎを同じ湯で10秒ほどゆで、水にさらして水けを絞る。
2 ゆで卵は6等分のくし形切りにする。
3 ボウルに1、2、Aを入れ、卵をつぶさないようにあえる。

ピーマン

ビタミンCを豊富に含み、お弁当の彩りにも欠かせません。

市販の焼き豚で簡単にボリュームアップ

ピーマンと焼き豚のナムル

冷蔵2日　冷凍1週間　レンジで温める

材料（4〜6回分）

ピーマン……4個
焼き豚薄切り（4〜5㎜幅の細切り）……2枚分
A
- ごま油……小さじ2
- 鶏ガラスープの素・白いりごま……各小さじ½
- 塩・こしょう……各少々

※焼き豚はP.64の煮豚でもOK。

作り方

1 ピーマンは4〜5㎜幅の細切りにする。耐熱容器に入れてふんわりとラップをかけ、電子レンジで2分ほど加熱する。水けが出たらきる。
2 ボウルにAを入れて混ぜ、1、焼き豚を加えてあえる。

桜えびが香ばしいうまみを加えます

ピーマンと桜えびのポン酢あえ

冷蔵2日　冷凍1週間　レンジで温める

材料（4〜6回分）

ピーマン……4個
乾燥桜えび……3〜4g
ポン酢しょうゆ……大さじ1

作り方

1 ピーマンは4〜5㎜幅の細切りにする。耐熱容器に入れてふんわりとラップをかけ、電子レンジで2分ほど加熱する。水けが出たらきる。
2 ボウルに1、桜えび、ポン酢しょうゆを入れてあえる。

ソーセージの代わりにハムでもOK！

ピーマンのソース炒め

冷蔵2日　冷凍1週間　レンジで温める

材料（4〜6回分）

ピーマン（薄い輪切り）……4個分
ソーセージ（斜め薄切り）……2本分
中濃ソース……大さじ1
サラダ油……小さじ1

作り方

フライパンにサラダ油を中火で熱し、ピーマン、ソーセージを炒める。全体に油がまわったら、中濃ソースを加えて煮からめる。

ししとう

和風はもちろん、ピーマンと同じような調理も合います。

低脂肪タイプのコンビーフならカロリーも気にならない！

ししとうとコンビーフのソテー

冷蔵2日　冷凍1週間　レンジで温める

材料（4～6回分）

ししとう（へたを取る）……20本分（約80g）
コンビーフ（低脂肪タイプ）……40g
A
- 酒……大さじ½
- 塩・粗びき黒こしょう……各少々

オリーブ油……小さじ1

作り方

1 ししとうは縦に1本切り込みを入れる。
2 フライパンにオリーブ油を中火で熱し、1を3～4分炒める。コンビーフを加えて1～2分炒め、Aを加えて炒め合わせる。

コンソメを加えてうまみをアップ

ししとうとハムのマヨしょうゆ炒め

冷蔵2日　冷凍1週間　レンジで温める

材料（4～6回分）

ししとう（へたを取る）……20本分（80g）
ハム……4枚
A
- マヨネーズ……大さじ1
- 酒……大さじ½
- しょうゆ……小さじ1
- 顆粒コンソメ……小さじ⅓

オリーブ油……小さじ1

作り方

1 ハムは長さを半分に切り、8mm幅に切る。ししとうは縦に1本切り込みを入れる。
2 フライパンにオリーブ油を中火で熱し、ししとうを3～4分炒める。ハムを加えて1～2分炒め、Aを加えて炒め合わせる。

たんぱく質多めで活躍間違いなし

ししとうのツナチーズ焼き

冷蔵2日　冷凍1週間　レンジで温める

材料（4～6回分）

ししとう（へたを取る）……18本分（70g）
ツナオイル缶……小⅔缶（50g）
溶けるチーズ……40g

作り方

1 ししとうは縦に1本切り込みを入れる。
2 ツナ缶は缶汁をきって溶けるチーズと混ぜ、1の切り込みにつめる。
3 オーブントースターの天板にくっつかないタイプのアルミホイルを敷いて2を並べ、チーズが溶けるまで5分ほど焼く。

小松菜

カルシウムの含有量が多く、お弁当にも使いやすい野菜。

サッと炒めるだけの簡単おかず

小松菜とひき肉のコチュジャン炒め

冷蔵2日　冷凍1週間　レンジで温める

材料（4〜6回分）

小松菜（4cm長さに切る）……1束分（200g）
豚ひき肉……100g
A
- コチュジャン……大さじ1
- 酒……小さじ1
- しょうゆ……小さじ1〜1と½

ごま油……大さじ½

作り方

1 フライパンにごま油を中火で熱し、ひき肉を2〜3分炒める。肉の色が変わったら小松菜を加えて2分ほど炒める。
2 Aを加えて炒め合わせる。

さっぱりとした味がたまりません

小松菜と油揚げのごま酢あえ

冷蔵2日　冷凍NG　そのままつめる

材料（4〜6回分）

小松菜……1束（200g）
油揚げ……½枚
A
- 白すりごま……大さじ3
- 酢……大さじ1
- 砂糖・しょうゆ……各小さじ1
- 塩……少々

作り方

1 小松菜は30秒〜1分塩ゆで（分量外）し、流水にさらして水けをよく絞り、3cm長さに切る。
2 油揚げはさっとゆでて冷水にとり、水けをよく絞る。幅を半分に切り、3cm長さに切る。
3 ボウルにAを入れて混ぜ、1、2を加えてあえる。

おつまみにもなるお弁当おかず

小松菜と焼き豚の中華あえ

冷蔵2日　冷凍NG　そのままつめる

材料（4〜6回分）

小松菜……1束（200g）
焼き豚薄切り（4〜5㎜幅の細切り）……35g
A
- ごま油……大さじ½
- しょうゆ……小さじ1
- 鶏ガラスープの素……小さじ½

※焼き豚はP.64の煮豚でもOK。

作り方

1 小松菜は30秒〜1分塩ゆで（分量外）し、流水にさらして水けをよく絞り、3cm長さに切る。
2 ボウルに1、焼き豚、Aを入れてあえる。

ほうれん草

鉄分が多いほか、ビタミンC、B_1、B_2なども含まれます。

カレー風味の炒めもの。パン弁当にも

ほうれん草とベーコンのカレーソテー

冷蔵2日　冷凍1週間　レンジで温める

材料（4〜6回分）

ほうれん草……1束（200g）
ベーコン（1cm幅に切る）……2枚分
A カレー粉……小さじ1
A 顆粒コンソメ……小さじ1/3
A 塩……少々
オリーブ油……小さじ1

作り方

1 ほうれん草は沸騰した湯で30秒ほどかためにゆでて流水にさらし、水けを絞って4cm長さに切る。
2 フライパンにオリーブ油を中火で熱し、ベーコンを1分ほど炒める。1を加えて炒め、Aを加えて炒め合わせる。

市販のホワイトソースでお手軽に！

ほうれん草とうずら卵のグラタン風

冷蔵2日　冷凍1週間　トースターで温める

材料（4回分）

ほうれん草……1/2束（100g）
うずら卵水煮（半分に切る）……8個分
A ホワイトソース（市販）……70g
A 塩・こしょう……各少々
B トマトケチャップ……大さじ1
B 溶けるチーズ……35g

作り方

1 ほうれん草は沸騰した湯で30秒ほどかためにゆでて流水にさらし、水けを絞って3cm長さに切る。
2 ボウルに1、うずら卵を入れ、Aを加えてあえる。
3 アルミカップに等分に入れてBを順にのせ、オーブントースターで5分ほどチーズが溶けるまで焼く。

さっとあえるだけだから簡単！

ほうれん草とかにかまのポン酢あえ

冷蔵2日　冷凍NG　そのままつめる

材料（4〜6回分）

ほうれん草……1束（200g）
かに風味かまぼこ（ほぐす）……4本分
ポン酢しょうゆ……大さじ1

作り方

1 ほうれん草は沸騰した湯で30〜40秒ゆでて流水にさらし、水けを絞って4cm長さに切る。
2 ボウルに1、かにかま、ポン酢しょうゆを入れてあえる。

豆苗

葉ものと豆の両方の栄養素を併せ持ち、たんぱく質も多め。

さっと火が通るので簡単に作れます

豆苗とシーフードミックスの中華炒め

冷蔵2日　冷凍NG　レンジで温める

材料（4〜6回分）

豆苗……1パック(130g)
冷凍シーフードミックス…100g
A［塩・こしょう……各少々
　 片栗粉……大さじ½
B［酒……大さじ½
　 鶏ガラスープの素……小さじ½
　 塩・こしょう……各少々
ごま油……小さじ1

作り方

1 豆苗は根元を切り、長さを2〜3等分に切る。シーフードミックスは解凍して水けを拭き、Aを順にまぶす。
2 フライパンにごま油を中火で熱し、シーフードミックスを2〜3分炒める。火が通ったら豆苗を加えて1〜2分炒める。
3 Bを加えて炒め合わせる。

どんな主菜にも合うシンプル塩味

豆苗の卵炒め

冷蔵2日　冷凍NG　レンジで温める

材料（4〜6回分）

豆苗……1パック(130g)
卵……2個
A［牛乳……大さじ1
　 塩・こしょう……各少々
塩・こしょう……各少々
オリーブ油……大さじ½

作り方

1 豆苗は根元を切り、長さを2〜3等分に切る。卵はボウルに溶きほぐしてAを加えて混ぜる。
2 フライパンにオリーブ油を中火で熱し、1の卵液を流し入れて手早く炒め合わせ、いったん取り出す。
3 続けて豆苗を1分ほど手早く炒め、2を戻し入れて塩、こしょうで味をととのえる。

シャキシャキの歯ごたえを残して

豆苗とハムのごまあえ

冷蔵2日　冷凍NG　そのままつめる

材料（4〜6回分）

豆苗……1パック(130g)
ハム……3枚
A［白すりごま……大さじ1と½
　 しょうゆ……小さじ⅔
　 和風顆粒だしの素……小さじ⅓

作り方

1 豆苗は根元を切り、長さを2等分に切る。沸騰した湯で20秒ほどゆでてざるに上げ、冷水にとって水けを絞る。
2 ハムは長さを半分に切り、5㎜幅に切る。
3 ボウルにAを入れて混ぜ、1、2を加えてあえる。

春菊

抗酸化作用に富むβ-カロテンが豊富。独特の香りを生かして。

ザーサイの歯ごたえがアクセントに

春菊とサラダチキンのザーサイあえ

冷蔵2日　冷凍1週間　レンジで温める

材料（4〜6回分）

春菊……1束（200g）
サラダチキン（市販・5㎜厚さに切る）……¼枚分（50g）
ザーサイ（粗く刻む）……20g
A
- ごま油……大さじ1
- しょうゆ……小さじ½
- こしょう……少々

※サラダチキンはP.21のものでもOK。

作り方

1 春菊は沸騰した湯で30〜40秒ほどゆでて冷水にとり、水けを絞って4㎝長さに切る。
2 サラダチキンは5㎜厚さに切り、8㎜〜1㎝幅に切る。
3 ボウルに1、2、ザーサイ、Aを入れてあえる。

すき焼き風の味にしょうがを効かせて

春菊と牛肉の甘辛しょうゆ煮

冷蔵2日　冷凍1週間　レンジで温める

材料（4〜6回分）

春菊（4㎝長さに切る）……1束分（200g）
牛切り落とし肉……100g
A
- だし汁……大さじ3
- しょうゆ・酒・みりん……各大さじ1
- 砂糖……小さじ1
- おろししょうが……小さじ½

作り方

1 鍋にAを入れて中火にかけ、沸騰したら牛肉を入れてほぐしながら2〜3分煮る。
2 春菊を加えて1分ほど煮る。つめるときは汁けをきる。

調味料は塩麹だけ。ツナのうまみを生かします

春菊とツナの塩麹あえ

冷蔵2日　冷凍NG　そのままつめる

材料（4〜6回分）

春菊……1束（200g）
ツナ水煮缶……小1缶（70g）
塩麹……小さじ2

※ツナはP.110の自家製ツナ風でもOK。

作り方

1 春菊は沸騰した湯で30〜40秒ゆでて冷水にとり、水けを絞って4㎝長さに切る。ツナは缶汁をきる。
2 ボウルに1、塩麹を入れてあえる。

水菜

さっぱりとした味わいなので、あえものなどに向きます。

ちくわでたんぱく質をプラスして

水菜とちくわのごまあえ

冷蔵2日　冷凍NG　そのままつめる

材料（4〜6回分）

水菜……2株
ちくわ（5mm幅の輪切り）……1本分
A［白すりごま……大さじ1
　しょうゆ……小さじ½

アレンジしても
せん切りのにんじん⅙本分をプラスすると、より華やかに。

作り方

1 水菜は30秒〜1分塩ゆで（分量外）し、水にさらして水けをよく絞り、3cm長さに切る。
2 ボウルに1、ちくわ、Aを入れてあえる。

しょうゆ味に飽きたらぜひ！

水菜と桜えびのナンプラーあえ

冷蔵2日　冷凍NG　そのままつめる

材料（4〜6回分）

水菜……2株
乾燥桜えび……5g
A［ナンプラー・サラダ油
　……各小さじ1

アレンジしても
ゆでた豚ひき肉や春雨をプラスすると、ヤムウンセン風に。たんぱく質もさらにアップ。

作り方

1 水菜は30秒〜1分塩ゆで（分量外）し、水にさらして水けをよく絞り、3cm長さに切る。
2 ボウルに1、桜えび、Aを入れてあえる。

きゅうり

水分が多いので、お弁当には水けをしっかりきってつめて。

ほんのひと手間で見た目にも楽しいおかずに

きゅうりとチーズのちくわ巻き

冷蔵2日　冷凍NG　そのままつめる

材料（8個分）

きゅうり……½本
ちくわ……4本
青じそ……2枚
スライスチーズ……2枚

作り方

1 ちくわは縦に片側だけ切り込みを入れて開き、内側に4㎜幅で斜めの切り込みを入れ、縦長に置く。
2 ちくわの横幅に合わせてきゅうりを切り、4等分の太さに切る。
3 1の上に半分に切ったスライスチーズと青じそ、2を順に置き、手前からしっかりと巻く。巻き終わりをつま楊枝で1本につき2か所留め、つま楊枝の間を切る。計4本分作る。

なつかしい味わいがクセになります

きゅうりとハムの春雨サラダ

冷蔵2日　冷凍NG　そのままつめる

材料（4～6回分）

きゅうり（せん切り）……1本分
乾燥春雨……15g
ハム（せん切り）……2枚分
A
マヨネーズ……大さじ1
酢・サラダ油……各小さじ1
塩・こしょう……各少々

作り方

1 きゅうりは塩少々（分量外）でもみ、水けを軽く絞る。春雨は熱湯に4分つけてもどし、冷水にとってよく絞り、3～4等分に切る。
2 ボウルにAを混ぜ合わせ、1、ハムを加えてあえる。つめるときは汁けを軽くきる。

食欲をそそるおしゃれなデリ風おかず

きゅうりのエスニックサラダ

冷蔵2日　冷凍NG　そのままつめる

材料（4～6回分）

きゅうり……2本
むきえび……100g
香菜（2㎝幅に切る）……1株分
A
ナンプラー……大さじ1と⅓
レモン汁・サラダ油……各大さじ½

作り方

1 きゅうりは縦半分に切って斜め薄切りにする。
2 えびは熱湯で2～3分ゆで、ざるに上げてさます。
3 ボウルにAを混ぜ合わせ、1、2、香菜を加えてあえる。つめるときは汁けを軽くきる。

ズッキーニ

肉や卵との相性がよく、独特の食感も特徴の野菜。

たんぱく質 3.8g
50kcal
糖質2.8g
1/4量分

コクのある味つけでお弁当にぴったり

ズッキーニと焼き豚のオイスターソース炒め

冷蔵2日 冷凍1週間 レンジで温める

材料 (4〜6回分)

ズッキーニ……2本
焼き豚薄切り……3枚
A
- オイスターソース……大さじ1
- 酒……小さじ1
- 片栗粉(大さじ½の水で溶く)……小さじ½
- 鶏ガラスープの素……小さじ⅓
- こしょう……少々

ごま油……小さじ1

※焼き豚はP.64の煮豚でもOK。

作り方

1 ズッキーニは5㎝長さに切り、5〜8㎜厚さの短冊切りにする。焼き豚は2〜3等分にし、2㎝幅に切る。
2 フライパンにごま油を中火で熱し、1を3〜4分炒める。Aを加えて炒め合わせる。

アレンジしても

Aに豆板醤小さじ1/3〜1/2を加えるとピリ辛味に。

たんぱく質 3.2g
45kcal
糖質1.0g
1/4量分

衣に粉チーズを入れて風味豊かに仕上げます

ズッキーニのピカタ

冷蔵2日 冷凍1週間 レンジで温める

材料 (4回分)

ズッキーニ(8㎜厚さの輪切り)……1本分
塩・こしょう……各少々
A
- 溶き卵……1個分
- 粉チーズ……大さじ1と½

クミンパウダー……少々
オリーブ油……小さじ1

作り方

1 ズッキーニは塩、こしょうをふる。
2 フライパンにオリーブ油を中火で熱し、混ぜ合わせたAに1をくぐらせて並べる。ふたをして途中一度上下を返し、弱火にして4〜6分焼く。仕上げにクミンパウダーをふる。

アレンジしても

2〜3等分に細長く切ったハムを巻きつけてからピカタにすると、食べごたえのあるおかずに。

ゴーヤ

ビタミンCが豊富。炒めたり、あえものにも向きます。

肉だねをつめてボリュームアップ

ゴーヤの肉づめ

冷蔵2日　冷凍1週間　レンジで温める

材料（4〜6回分）

- ゴーヤ……1本
- 薄力粉……適量
- A
  - 豚ひき肉……110g
  - 塩……小さじ¼
  - こしょう……少々
- B
  - しょうゆ・みりん……各大さじ1
  - おろししょうが……小さじ¼
- サラダ油……小さじ1

アレンジしても

肉だねをつめたら、薄力粉、溶き卵、パン粉をつけて揚げてもおいしい。

作り方

1. ゴーヤは長さを半分に切ってわたを除き、内側に薄力粉をふり、1㎝幅の輪切りにする。Aを練り合わせてゴーヤの中に入れ、手で形を整える。
2. フライパンにサラダ油を中火で熱し、1を並べる。両面に焼き色がついたらふたをして弱火にし、6〜8分焼く。
3. 余分な油を拭いてBを加え、煮からめる。粗熱が取れたら、肉だねとゴーヤを留めるようにしてつま楊枝を刺す。

桜えびでカルシウムを補給

ゴーヤと桜えびのごま油あえ

冷蔵2日　冷凍NG　そのままつめる

材料（4〜6回分）

- ゴーヤ……1本
- 乾燥桜えび……5g
- A
  - ごま油・しょうゆ……各大さじ½
  - かつお節……4g

アレンジしても

Aをオリーブ油、粉チーズ各大さじ1/2、塩、こしょう各少々にすると洋風に。

作り方

1. ゴーヤは縦半分に切り、スプーンでわたを除いて4㎜幅に切る。1分塩ゆで（分量外）し、冷水にとって水けを絞る。
2. ボウルにAを入れて混ぜ、1、桜えびを加えてあえる。

スナップえんどう

色が変わりにくく、お弁当の彩りに活躍します。

たらこの塩けにより、塩は加減して

スナップえんどうのたらこチーズあえ

冷蔵2日　冷凍NG　そのままつめる

材料（4～6回分）

スナップえんどう……12～16本
たらこ……20g
カッテージチーズ……40g
塩……少々
オリーブ油……大さじ½

作り方

1 スナップえんどうは沸騰した湯で1～2分ゆでてざるに上げる。
2 たらこは薄皮を取り、ほぐす。
3 ボウルに1、2、カッテージチーズ、オリーブ油を入れてあえ、味をみて塩でととのえる。

好みのハーブで香りよく炒めて

スナップえんどうとベーコンのハーブソテー

冷蔵2日　冷凍1週間　レンジで温める

材料（4～6回分）

スナップえんどう……12～16本
ベーコン（2cm幅に切る）……2枚分
A ドライハーブ……小さじ1
A 顆粒コンソメ……小さじ½
A 塩……少々
オリーブ油……大さじ½

作り方

1 スナップえんどうは沸騰した湯で1分ゆでてざるに上げる。
2 フライパンにオリーブ油を中火で熱し、ベーコン、1の順に加えて2分ほど炒め、Aを加えて味をととのえる。

かまぼことおかかで風味アップ

スナップえんどうとかまぼこのおかかしょうゆあえ

冷蔵2日　冷凍NG　そのままつめる

材料（4～6回分）

スナップえんどう……12～16本
かまぼこ……⅓本（50g）
A かつお節……3～4g
A しょうゆ……小さじ1

作り方

1 スナップえんどうは沸騰した湯で1分ゆでてざるに上げ、斜め半分に切る。
2 かまぼこは5mm厚さに切り、細長く3等分に切る。
3 ボウルに1、2、Aを入れてあえる。

厚揚げのコクでうまみが増します

いんげんと厚揚げのソース炒め

冷蔵2日　冷凍1週間　レンジで温める

材料（4〜6回分）

- さやいんげん……15本
- 厚揚げ……½枚（100g）
- A
  - 中濃ソース……大さじ1
  - 塩……少々
- サラダ油……小さじ1

作り方

1. さやいんげんは沸騰した湯で4〜5分ゆでてざるに上げ、長さを3〜4等分に切る
2. 厚揚げは1㎝厚さ×2㎝四方に切る。
3. フライパンにサラダ油を中火で熱し、1、2を1〜2分炒め、Aを加えて炒め合わせる。

洋風弁当に添えると栄養バランスアップ

いんげんの粉チーズあえ

冷蔵2日　冷凍NG　そのままつめる

材料（6回分）

- さやいんげん……15本
- A
  - 粉チーズ……大さじ1
  - オリーブ油……小さじ1
  - 塩・粗びき黒こしょう……各少々

作り方

1. さやいんげんは4〜5分塩ゆで（分量外）し、4㎝長さの斜め切りにする。
2. ボウルにAを混ぜ合わせ、1を加えてあえる。

さっぱり味でご飯に合う！

いんげんの梅じゃこあえ

冷蔵2日　冷凍NG　そのままつめる

材料（4〜6回分）

- さやいんげん……15本
- A
  - ちりめんじゃこ……10g
  - 梅干し（種を除いて粗く刻む）……1個分
  - かつお節……2g

作り方

1. さやいんげんは4〜5分塩ゆで（分量外）し、3㎜幅の斜め薄切りにする。
2. ボウルにAを混ぜ合わせ、1を加えてあえる。

キャベツ

ビタミンC、K、Uなどを含みます。

飽きのこないシンプルな味つけ

キャベツのしょうゆ炒め

冷蔵2日　冷凍1週間　レンジで温める

材料（4～6回分）

- キャベツ（ざく切り）……⅛個分
- ハム……4枚
- A
  - しょうゆ……小さじ1
  - 塩・こしょう……各少々
- サラダ油……小さじ1

作り方

1. ハムは8等分の放射状に切る。
2. フライパンにサラダ油を中火で熱し、キャベツ、1を3～4分炒める。Aを加えて炒め合わせる。

アンチョビの塩けでおいしさアップ！

キャベツのアンチョビ炒め

冷蔵2日　冷凍1週間　レンジで温める

材料（4～6回分）

- キャベツ（1cm幅に切る）……⅛個分
- アンチョビフィレ（粗く刻む）……4～6枚分
- 粗びき黒こしょう……少々
- オリーブ油……小さじ1

作り方

フライパンにオリーブ油を中火で熱し、キャベツを炒める。しんなりしてきたらアンチョビ、粗びき黒こしょうを加えて炒め合わせる。

お花のようでとってもかわいい！

ゆでキャベツのハム巻き

冷蔵2~3日　冷凍NG　レンジで温める

材料（3本分）

- キャベツの葉……3枚
- ハム……6枚

アレンジしても

ハムとキャベツの間にスライスチーズを1枚はさむと、たんぱく質もアップ！

作り方

1. キャベツは芯を除き、熱湯でさっとゆでて水けをふく。
2. 1の端にハムを2枚ずつ並べ、手前からきつめに巻く。残りも同様にして作り、食べやすい大きさに切る。

グリーンアスパラガス

疲労回復に役立つアスパラギン酸が豊富。

おかかの香りで風味がアップ

アスパラといり卵のおかかあえ

冷蔵2日　冷凍1週間　レンジで温める

材料（4〜6回分）

- グリーンアスパラガス……8本
- 卵……2個
- 塩・こしょう……各少々
- A かつお節……3〜4g
- A しょうゆ……小さじ1
- サラダ油……小さじ½

作り方

1 アスパラは根元のかたい部分をピーラーでむく。沸騰した湯で1分ほどゆでてざるに上げ、4〜5等分の斜め切りにする。

2 卵は溶きほぐし、塩、こしょうを混ぜる。フライパンにサラダ油を中火で熱し、卵液を流し入れていり卵を作る。

3 ボウルに1、2を入れてAを加えてあえる。

定番のマヨネーズあえ。パンにはさんでも

アスパラとコーン&ハムのマヨサラダ

冷蔵2日　冷凍NG　そのままつめる

材料（4〜6回分）

- グリーンアスパラガス……8本
- コーン……20g
- ハム……2枚
- A マヨネーズ……大さじ1と½
- A 塩・こしょう……各少々

作り方

1 アスパラは根元のかたい部分をピーラーでむく。沸騰した湯で1分ほどゆでてざるに上げ、4〜5等分の長さに切る。

2 ハムは長さを半分に切り、5mm幅に切る。

3 ボウルに1、2、コーンを入れ、Aを加えてあえる。

多めに作っておくと忙しい朝に安心

アスパラのベーコン巻き

冷蔵2日　冷凍1週間　レンジで温める

材料（10個分）

- グリーンアスパラガス……5本
- ベーコン（長さ半分に切る）……5枚分
- 塩・こしょう……各少々
- オリーブ油……小さじ½

作り方

1 アスパラは根元のかたい部分をピーラーでむく。1分塩ゆで（分量外）してざるに上げ、4等分に切る。

2 ベーコンでアスパラを2切れずつ巻き、つま楊枝で留める。

3 フライパンにオリーブ油を中火で熱し、2の巻き終わりを下にして焼く。転がしながら全体を2〜4分焼いて、塩、こしょうをふる。

β-カロテンが豊富。油とともに調理すると吸収が高まります。

さば缶でたんぱく質と良質な脂をプラス

にんじんとさば缶のチーズ焼き

冷蔵2日　冷凍2週間　トースターで温める

材料（4～6回分）

- にんじん（細いせん切り）……1本分
- さば水煮缶……½缶（100g）
- 溶けるチーズ……40g
- 粗びき黒こしょう……少々

アレンジしても

さば缶の代わりにコンビーフ缶にしてもおいしい。

作り方

1 ボウルににんじん、缶汁をきったさばを入れて、軽くほぐしながらあえる。アルミカップに等分に入れて溶けるチーズをのせ、粗びき黒こしょうをふる。

2 オーブントースターでチーズが溶けるまで3～5分焼く。

油揚げでコクが加わります

根菜と油揚げのきんぴら

冷蔵2~3日　冷凍1週間　レンジで温める

材料（4～6回分）

- にんじん（せん切り）……⅓本分
- ごぼう（せん切り）……½本分（70g）
- 油揚げ……½枚
- A
  - 砂糖・しょうゆ……各小さじ2
  - 白いりごま……小さじ½
- サラダ油……小さじ1

作り方

1 ごぼうはさっと水にさらして水けをきる。油揚げは幅を半分に切り、5㎜幅に切る。

2 フライパンにサラダ油を中火で熱し、にんじん、1を3～4分炒める。

3 全体にしんなりしてきたらAを加え、2～3分炒め合わせてなじませる。

ホッとするやさしい甘辛しょうゆ味

にんじんとさつま揚げの煮もの

冷蔵2~3日　冷凍1週間　レンジで温める

材料（4～6回分）

- にんじん（1㎝厚さの輪切り）……1本分
- さつま揚げ（4～6等分に切る）……2枚分（100g）
- A
  - だし汁……¾カップ
  - しょうゆ・みりん……各小さじ2
  - 砂糖……小さじ⅔

作り方

鍋にA、にんじん、さつま揚げを入れて中火にかけ、ひと煮立ちしたら弱火にしてふたをし、10分ほどにんじんがやわらかくなるまで煮る。

ツナのコクとくるみの食感で味わいアップ

にんじんとツナのサラダ

冷蔵2日　冷凍NG　そのままつめる

材料（4〜6回分）

にんじん……1本
ツナオイル缶……小1缶(70g)
くるみ(粗く刻む)……15g
A［マヨネーズ……小さじ2
　塩・こしょう……各少々

作り方

1 にんじんはピーラーでリボン状に薄くむき、長さを半分に切る。耐熱容器に入れてふんわりとラップをかけ、電子レンジで30〜50秒加熱する。
2 缶汁をきったツナ、くるみ、Aを加えて混ぜる。

オリーブ油でしっとり感をキープ

にんじんのカッテージチーズあえ

冷蔵2日　冷凍NG　そのままつめる

材料（4〜6回分）

にんじん(せん切り)……1本分
A［カッテージチーズ……30g
　かつお節……2g
　オリーブ油……小さじ1
　しょうゆ……小さじ⅔

作り方

1 にんじんは耐熱容器に入れてふんわりとラップをかけ、電子レンジで40秒ほど加熱する。
2 粗熱が取れたら、Aを加えて混ぜる。

ちくわのうまみが効いています

にんじんとちくわのしょうゆ炒め

冷蔵2日　冷凍1週間　レンジで温める

材料（4〜6回分）

にんじん(5㎜厚さの半月切り)
……1本分
ちくわ(5㎜厚さの半月切り)
……1と½本分
しょうゆ……大さじ½
サラダ油……小さじ1

作り方

フライパンにサラダ油を弱めの中火で熱し、にんじん、ちくわを5〜7分炒める。しんなりしてきたら、しょうゆを回し入れてさっと煮からめる。

ミニトマト

お弁当を華やかに見せるのに重宝します。

たんぱく質 2.0g
45kcal
糖質1.4g
1/4量分

じゃこのうまみがあとを引くおかず

ミニトマトとじゃこの和風マリネ

冷蔵2日　冷凍NG　そのままつめる

材料（4〜6回分）

ミニトマト……12個
ちりめんじゃこ……15g
みょうが（小口切り）……1個分
A
- オリーブ油……大さじ1
- しょうゆ……小さじ1
- 酢……小さじ½

アレンジしても
Aをオリーブ油大さじ1、しょうゆ少々、たたいた梅干し1〜2個分にしても美味。

作り方

1 みょうがは水にさらし、ペーパータオルに包んで水けをしっかり絞る。
2 ボウルにミニトマト、ちりめんじゃこ、1、Aを入れてあえる。

たんぱく質 2.4g
47kcal
糖質1.3g
1/4量分

青じその香りがさわやか！

ミニトマトと大豆の青じそあえ

冷蔵2日　冷凍NG　そのままつめる

材料（4〜6回分）

ミニトマト……12個
蒸し大豆……30〜50g
青じそ（せん切り）……3枚分
A
- 白すりごま……大さじ1
- ごま油……小さじ1
- しょうゆ……小さじ⅔
- 鶏ガラスープの素……小さじ¼

アレンジしても
大豆の代わりに1cm四方に切ったハム2枚分でもOK。

作り方

1 青じそはペーパータオルに包んで水けをしっかり絞る。
2 ボウルにミニトマト、大豆、1を入れ、Aを加えてあえる。

バジルでおしゃれなデリ風作りおき

ミニトマトとチーズのバジルあえ

冷蔵2日　冷凍NG　そのままつめる

たんぱく質 2.1g
60kcal
糖質1.3g
1/4量分

材料（4〜6回分）

ミニトマト……12個
プロセスチーズ（切れているタイプ）……4切れ（30g）
バジルの葉（なければドライバジル）……4枚
A
- オリーブ油……大さじ1
- 塩・粗びき黒こしょう……各少々

作り方

1 プロセスチーズは1.5cm角に切る。
2 ボウルにミニトマト、1、ちぎったバジルを入れ、Aを加えてあえる。

アレンジしても

Aに粉チーズ大さじ1/2を混ぜて、ダブルチーズにするのもおすすめ。

粒マスタードのほどよい酸味が◎

ミニトマトのツナマヨサラダ

冷蔵2日　冷凍NG　そのままつめる

たんぱく質 3.6g
78kcal
糖質1.4g
1/4量分

材料（4〜6回分）

ミニトマト……12個
ツナオイル缶……小1缶（70g）
A
- マヨネーズ……大さじ1
- 粒マスタード……小さじ1
- 塩・こしょう……各少々

作り方

1 ツナ缶は缶汁をきる。
2 ボウルにミニトマト、1、Aを入れてあえる。

アレンジしても

粒マスタードを練りわさび小さじ1/4〜1/3にすると和風味が楽しめる。

パプリカ

β-カロテン、ビタミンC、Eを含み、カラフルな色も魅力。

パンにはさんでもおいしい

パプリカとコンビーフのマスタード風味炒め

冷蔵2日　冷凍1週間　レンジで温める

材料（4〜6回分）

赤パプリカ……1個
コンビーフ（低脂肪タイプ）……30g
A　粒マスタード……小さじ1
　　塩・粗びき黒こしょう……各少々
オリーブ油……小さじ1

アレンジしても

アルミカップに入れてチーズをのせ、トースターで焼いてもおいしい。

作り方

1 パプリカは8㎜幅に切る。長ければ半分の長さに切る。
2 フライパンにオリーブ油を中火で熱し、1を2〜3分炒める。しんなりしてきたら、コンビーフを加えて軽く炒め合わせる。
3 Aを加えて炒め合わせる。

つめるときはしっかり汁けをきって

パプリカといかのマリネ

冷蔵2日　冷凍NG　そのままつめる

材料（4〜6回分）

赤パプリカ……1個
いか……1ぱい
玉ねぎ……¼個
A　オリーブ油……大さじ2
　　酢……大さじ1と½
　　塩……小さじ⅓
　　粗びき黒こしょう……少々

アレンジしても

いかを、ゆでたシーフードミックスやツナ缶にしてもOK。

作り方

1 いかは内臓やくちばし、軟骨などを除き、胴は皮をむいて1㎝幅の輪切りにし、足は食べやすい大きさに切る。沸騰した湯でさっとゆでて、水けをきる。
2 玉ねぎはせん切りにし、10秒ほど湯にくぐらせて冷水にとり、水けを絞る。パプリカは8㎜幅に切り、30秒〜1分ゆで、水けをきる。
3 ボウルにAを混ぜ合わせ、1、2を加えてあえる。

なす

油ととても相性がよく、コクが加わります。

みそを使った甘辛味。うまみもたっぷり

なすとじゃこのみそ炒め

冷蔵2日　冷凍1週間　レンジで温める

材料 (4〜6回分)

なす(小さめの乱切り)……3本分
ピーマン(小さめの乱切り)……1個分
ちりめんじゃこ……20g
A
- みそ……大さじ1と½
- 酒……大さじ1
- 砂糖……小さじ2
- しょうゆ・おろししょうが……各小さじ1

サラダ油……大さじ1と½

作り方

1 フライパンにサラダ油を中火で熱し、なす、ピーマンを4〜5分炒める。野菜がしんなりしたらちりめんじゃこを加えてさらに1分ほど炒める。
2 Aを加えて煮からめる。

アレンジしても

じゃこを豚ひき肉100gに替えて、なすとともに炒めるとボリュームアップ。

つめるときは汁けをしっかりきって

なすと桜えびのめんつゆびたし

冷蔵2日　冷凍NG　レンジで温める

材料 (4〜6回分)

なす(乱切り)……3本分
乾燥桜えび……5g
A
- めんつゆ(2倍濃縮)……¼カップ
- かつお節……2g
- おろししょうが……小さじ½

揚げ油……適量

作り方

1 なすは水けをしっかりと拭く。
2 鍋に揚げ油を170℃に熱し、1を3〜4分揚げて油をきる。
3 保存容器にAを混ぜ合わせ、2、桜えびを入れて漬ける。

アレンジしても

なすを2本にして、1cm厚さの輪切りにしたズッキーニ1/3本を加えると彩りが華やかに！

かぼちゃ

ホクホクの食感と甘みを生かして調理して。

たんぱく質 4.9g
82kcal
糖質7.6g
1/4量分

味つけは失敗なしのめんつゆだけ

かぼちゃの鶏そぼろ煮

冷蔵2日　冷凍NG　レンジで温める

材料　(4〜6回分)

かぼちゃ(3㎝角に切る)……⅙個分(200g)
鶏ひき肉……80g
A　水……⅔〜¾カップ
　めんつゆ(2倍濃縮)……大さじ3と½
片栗粉……小さじ⅔(水大さじ1で溶く)

アレンジしても
鶏ひき肉の代わりに、1㎝幅に切ったちくわ1本分にしてもOK。

作り方

1 鍋にひき肉、Aを入れ、混ぜてほぐし、皮を下にしてかぼちゃを並べる。中火にかけてひと煮立ちしたら、弱火にしてふたをし、かぼちゃに竹串がすっと通るまで7〜8分煮る。
2 水溶き片栗粉を煮汁に加え、かぼちゃをくずさないように混ぜてとろみをつける。

たんぱく質 2.0g
83kcal
糖質7.4g
1/4量分

シナモンの香りがふんわり。おしゃれなデリ風です

かぼちゃとベーコンのシナモンソテー

冷蔵2日　冷凍NG　レンジで温める

材料　(4〜6回分)

かぼちゃ……⅙個(200g)
ベーコン(2㎝幅に切る)……2枚分
A　シナモンパウダー……少々
　塩……少々
オリーブ油……大さじ½

アレンジしても
Aをしょうゆ小さじ1、バター5gに替えるとバターしょうゆ風味が楽しめる。

作り方

1 かぼちゃは8㎜厚さのくし形切りにし、長さを半分に切る。
2 フライパンにオリーブ油をひき、1を並べる。ふたをして弱火にかけ、両面を3〜4分ずつ焼く。途中上下を返したところでベーコンも加える。Aをふって味をととのえる。

さつまいも

美肌作用のあるビタミンCや食物繊維を含みます。

甘辛だれをからめた箸休め

さつまいもと大豆の甘辛炒め

冷蔵2~3日　冷凍NG　レンジで温める

材料（4～6回分）

- さつまいも……½本(150g)
- 蒸し大豆……50g
- 片栗粉……小さじ1
- A しょうゆ・水……各小さじ1
- A 砂糖……大さじ1と½
- サラダ油……大さじ2

作り方

1 さつまいもは1㎝角の棒状に切り、水にさらして水けをしっかり拭く。大豆は片栗粉をまぶす。

2 フライパンにサラダ油を弱火で熱し、1のさつまいもを6～8分上下を返しながらじっくり揚げ焼きにする。2～3分したら大豆を加え、さつまいもと一緒に揚げ焼きにする。取り出して油をきる。

3 フライパンの油を拭いてAを入れ、中火にかける。砂糖が溶けたら2を戻し入れ、軽くゆするように煮からめる。オーブンシートの上などに取り出してさます。

ほのかな甘みがお弁当のアクセントに

さつまいもの キャンディーチーズだんご

冷蔵2~3日　冷凍NG　そのままつめる

材料（8個分）

- さつまいも……½本(150g)
- キャンディーチーズ……8個
- A バター……5g
- A 塩……少々

アレンジしても

さらに薄力粉、溶き卵、パン粉をつけて揚げるとミニコロッケに。

作り方

1 さつまいもは皮をむいて1㎝厚さの輪切りにし、水から中火で10分ほど、やわらかくなるまでゆでる。

2 ざるに上げて熱いうちにつぶし、Aを混ぜて8等分にする。

3 2をラップにのせて軽くつぶし、中心にチーズをのせて茶巾絞りのように包む。

もやし・豆もやし

大豆もやしはたんぱく質のほか、イソフラボンなどもとれます。

シャキシャキの食感が楽しい

豆もやしのツナしょうゆあえ

冷蔵2日　冷凍NG　そのままつめる

材料（4〜6回分）

大豆もやし……1袋（200g）
ツナ水煮缶……小1缶（70g）
A しょうゆ……小さじ1
A 和風顆粒だしの素……小さじ½

※ツナはP.110の自家製ツナ風でもOK。

アレンジしても

ツナの代わりにかに風味かまぼこ4本をほぐして入れてもおいしい。

作り方

1 大豆もやしは耐熱容器に入れてふんわりとラップをかけ、電子レンジで5分ほど加熱して水けをしっかりきる。ツナ缶は缶汁をきる。
2 ボウルに1、Aを入れてあえる。

ちょっとピリ辛の中華風

豆もやしと焼き豚のコチュジャン炒め

冷蔵2日　冷凍NG　レンジで温める

材料（4〜6回分）

大豆もやし……1袋（200g）
焼き豚薄切り（8mm〜1cm幅の細切り）……3枚分（50g）
A コチュジャン……小さじ2
A しょうゆ……小さじ½
A 鶏ガラスープの素……小さじ¼
ごま油……小さじ1

アレンジしても

コチュジャンをオイスターソース小さじ2〜3にし、万能ねぎの小口切りをふってもOK。

作り方

1 フライパンにごま油を中火で熱し、焼き豚、大豆もやしを4〜5分炒める。
2 Aを加えて炒め合わせる。

※焼き豚はP.64の煮豚でもOK。

にんにくが効いた炒めもの

豆もやしと卵の塩炒め

冷蔵2日　冷凍NG　レンジで温める

材料 (4〜6回分)

大豆もやし……1袋(200g)
卵……1個
塩・こしょう……各少々
A［酒……大さじ½
鶏ガラスープの素……小さじ½
おろしにんにく……小さじ⅓
塩・こしょう……各少々］
ごま油……小さじ2

アレンジしても

長ねぎの薄い小口切り1/3本分を大豆もやしとともに炒めると、風味がアップ。

作り方

1 ボウルに卵を溶きほぐし、塩、こしょうを加えて混ぜる。フライパンにごま油小さじ1を中火で熱し、卵液を加えて手早く炒め、いったん取り出す。
2 1のフライパンにごま油小さじ1、大豆もやしを入れて4〜5分炒める。
3 1を戻し入れ、Aを加えて炒め合わせる。

ひき肉は鶏ひきでも豚ひきでもOK！

もやしとひき肉のみそ炒め

冷蔵2日　冷凍NG　レンジで温める

材料 (4〜6回分)

もやし……1袋(200g)
豚ひき肉……100g
A［みそ・みりん……各小さじ2
サラダ油……小さじ½

アレンジしても

蒸し大豆50gをプラスすると、さらにたんぱく質量がアップ！

作り方

1 フライパンにサラダ油を中火で熱し、ひき肉を炒める。肉の色が変わったらもやしを加えて1〜2分炒める。
2 混ぜ合わせたAを加え、中火で煮からめる。

カリフラワー

加熱してもくずれにくく、たんぱく質も含みます。

ベーコンのうまみがしみておいしい

カリフラワーとベーコンのコンソメ煮

冷蔵2日　冷凍NG　レンジで温める

材料（4〜6回分）

カリフラワー（小房に分ける）……½株分（200g）
ベーコン（ブロック）……40g
A
- 水……1カップ〜
- 顆粒コンソメ……小さじ1と½
- 粗びき黒こしょう・塩……各少々

作り方

1 ベーコンは5㎜厚さ×1.5㎝幅に切る。
2 鍋に**A**を入れて中火にかけ、沸騰したら1、カリフラワーを入れてときどき上下を返すように混ぜながら3〜4分煮る。

アレンジしても

ベーコンの代わりに斜め半分に切ったソーセージ4本分にしてもOK。

衣にカレー粉を入れるだけ

カリフラワーの豚肉巻き カレーフリッター

冷蔵2日　冷凍1週間　レンジで温める

材料（4〜6回分）

カリフラワー（小房に分ける）……½株分（200g）
豚薄切り肉（しゃぶしゃぶ用）……100g
塩・こしょう……各少々
A
- 薄力粉……60g
- 水……大さじ5
- カレー粉……小さじ1
- 塩……小さじ⅓

揚げ油……適量

作り方

1 カリフラワーは豚肉を巻きつけ、塩、こしょうをまぶす。
2 ボウルに**A**を混ぜ合わせ、ホットケーキの生地より少しやわらかい程度の衣を作る。
3 鍋に揚げ油を170℃に熱し、1を2にくぐらせて入れる。何度か上下を返しながら3〜4分揚げる。

アレンジしても

カレー粉を青のり粉小さじ1にすると和風味に。

人気のツナマヨ味に酸味をプラス！

カリフラワーのパセリツナサラダ

冷蔵2日　冷凍NG　そのままつめる

材料 (4〜6回分)

- カリフラワー(小房に分ける)……½株分(200g)
- ツナオイル缶……小1缶(70g)
- A
  - マヨネーズ……大さじ2
  - パセリ(みじん切り)……大さじ1と½
  - 酢・フレンチマスタード……各小さじ1
  - 塩・こしょう……各少々

作り方

1 カリフラワーは2〜3分塩ゆで(分量外)してざるに上げる。
2 ツナ缶は缶汁をきる。
3 ボウルにAを混ぜ合わせ、1、2を加えてあえる。

アレンジしても

解凍してさやから出した冷凍枝豆大さじ2〜3を混ぜるとボリュームアップ。

ご飯に合うボリューム副菜

カリフラワーのみそ炒め

冷蔵2日　冷凍1週間　レンジで温める

材料 (4〜6回分)

- カリフラワー(小房に分ける)……½株分(200g)
- 豚ひき肉……80g
- 水……大さじ3
- A
  - 水……大さじ2
  - みそ……大さじ1
  - みりん……大さじ½
  - おろししょうが……小さじ⅓
- サラダ油……小さじ1

作り方

1 フライパンにサラダ油を中火で熱し、ひき肉を炒める。肉の色が変わってきたらカリフラワー、水を加え、ふたをしてときどき混ぜながら弱火で7〜8分蒸し焼きにする。
2 混ぜ合わせたAを加え、煮からめる。

アレンジしても

仕上げに粉山椒少々をふって炒め合わせて風味アップ。

かぶ

火を入れすぎるとくずれやすいので注意して。

煮汁と一緒に保存します

かぶとがんも、いんげんの煮もの

冷蔵2日　冷凍NG　レンジで温める

材料（4〜6回分）

かぶ（皮をむき6〜8等分のくし形切り）……3個分（210g）
さやいんげん（4cm長さに切る）……4本分
がんもどき……小4個（100g）
A だし汁……1と¼カップ
A しょうゆ・みりん・酒……各大さじ1

作り方

1 鍋にA、かぶ、がんもどきを入れて中火にかけ、煮立ったら弱火にしてふたをし、2分ほど煮る。
2 さやいんげんも加えてふたをし、かぶにすっと竹串が通るまで5分ほど煮る。

アレンジしても
がんもどきを2cm角に切った厚揚げに替えてもOK。

油で炒めると甘みが増します

かぶのベーコンソテー

冷蔵2日　冷凍NG　レンジで温める

材料（4〜6回分）

かぶ……3個（210g）
ベーコン……1と½枚
塩・粗びき黒こしょう……各少々
オリーブ油……大さじ½

作り方

1 かぶは皮をむき、半分に切ってから薄切りにする。ベーコンは1cm幅に切る。
2 フライパンにオリーブ油を弱めの中火で熱し、1を焦がさないように2〜4分炒め、塩、粗びき黒こしょうで味をととのえる。

アレンジしても
最後に粉チーズ大さじ1/2〜1、ドライハーブ少々を加えて炒める。

大根

胃腸の調子を整えるジアスターゼを含みます。

かにかまでたんぱく質をちょい足し！

大根とかにかまの甘酢あえ

冷蔵2～3日　冷凍NG　そのままつめる

材料（4～6回分）

大根（せん切り）……¼本分（250g）
かに風味かまぼこ（ほぐす）……4本分
塩……小さじ⅔
A 酢……大さじ2
A 砂糖……大さじ1と½

作り方

1 大根は塩をまぶし、軽くもみ込む。5分おいて水けを絞る。
2 ボウルに1、かにかまを入れ、Aを加えてあえる。

アレンジしても

Aにゆずの皮のせん切り適量を加えて香りよく！

しょうがを入れてさっぱりした味わいに

大根と厚揚げ、豚バラのさっと煮

冷蔵2日　冷凍NG　レンジで温める

材料（4～6回分）

大根（8mm～1cm厚さのいちょう切り）……⅕本分（200g）
厚揚げ（1cm厚さ×2cm角に切る）……100g
豚バラ薄切り肉（2cm幅に切る）……80g
だし汁……1と¼カップ
しょうゆ……大さじ1と⅓
みりん・酒……各大さじ1
砂糖……小さじ2
おろししょうが……小さじ½

作り方

1 鍋にすべての材料を入れて中火にかけ、煮立ったらアクを取る。
2 弱火にしてふたをし、途中1～2度混ぜながら、大根がやわらかくなるまで15分ほど煮る。

アレンジしても

豚肉の代わりに鶏ひき肉80gにしてヘルシーに。

れんこん

ホクホク、シャキシャキの食感が楽しい！

れんこんのシャキシャキ食感を生かして

れんこんと枝豆の明太マヨサラダ

冷蔵2日　冷凍NG　そのままつめる

材料（4〜6回分）

れんこん（皮をむき3㎜厚さのいちょう切り）……200g
冷凍枝豆（解凍してさやから出す）……50g
酢……小さじ1
A［辛子明太子（ほぐす）……20g
　マヨネーズ……大さじ1と½

作り方

1 れんこんは水にさらし、水けをきる。沸騰した湯に酢を入れて1〜2分ゆでる。ざるに上げて水で冷やし、水けをしっかり拭く。

2 ボウルに1、枝豆を入れ、Aを加えてあえる。

アレンジしても

枝豆を、細く切ったサラダチキン1/4枚分（50g）にしてもOK。

うまみたっぷり。ご飯がすすみます

れんこんとえびの塩麹炒め

冷蔵2日　冷凍NG　レンジで温める

材料（4〜6回分）

れんこん……200g
むきえび（背わたを取る）……100g
A［塩麹……大さじ1
　酒……大さじ½
　みりん……小さじ1
　おろししょうが……小さじ½
サラダ油……大さじ½

作り方

1 れんこんは皮をむいて縦4等分に切り、めん棒で軽くたたいてから小さめの乱切りにする（1〜1.5×4㎝長さ程度）。さっと水にさらして水けを拭く。えびは塩（分量外）でもんで水で洗い、水けをしっかり拭く。

2 フライパンにサラダ油を弱火で熱し、れんこんを入れてふたをし、ときどき混ぜながら6〜7分炒める。竹串がすっと通るようになって火が通ったら、えびを加えて3〜4分炒め、Aを加えて炒め合わせる。

アレンジしても

えびの代わりに豚ロース薄切り肉100gを切って加えてもOK。

白菜

炒めもの、あえものなどにおすすめ。

ごまやかつお節で風味豊かに

白菜と桜えびのおかかごまあえ

冷蔵2日　冷凍NG　そのままつめる

材料（4〜6回分）

- 白菜……2枚（200g）
- 乾燥桜えび……5g
- A
  - かつお節……3g
  - 白すりごま……大さじ1
  - しょうゆ……小さじ1
  - 砂糖……小さじ½

作り方

1. 白菜は沸騰した湯で1〜2分ゆでて冷水にとり、水けをきって1cm幅×4cm長さに切る。水けをしっかり絞る。
2. ボウルに1、桜えび、Aを入れてあえる。

アレンジしても

Aにごま油大さじ1/2を加えて和風ナムルに。

こっくりした味わいはさめてもgood！

白菜のオイスターソース炒め

冷蔵2日　冷凍NG　レンジで温める

材料（4〜6回分）

- 白菜（1cm幅に切る）……2〜3枚分
- 豚ひき肉……100g
- A
  - オイスターソース・水……各大さじ1
  - 鶏ガラスープの素……小さじ1
  - 片栗粉……小さじ½
- ごま油……小さじ1

作り方

1. フライパンにごま油を中火で熱し、ひき肉を炒める。肉の色が変わってきたら、白菜を加えて炒め合わせる。
2. 混ぜ合わせたAを加え、煮からめる。

アレンジしても

白菜をキャベツに替えてもOK。つめるときに卵でとじてもおいしい。

玉ねぎは辛みを抜いて、ごぼうはアクを取ってから調理します。

たんぱく質 5.4g
160kcal
糖質5.2g
1/4量分

玉ねぎはさっと火を通すのがポイント

玉ねぎとハムのマリネ

冷蔵2~3日　冷凍NG　そのままつめる

材料（4～6回分）

	玉ねぎ（薄切り）	1と½個分
	ハム（薄切り）	10枚分
A	オリーブ油	大さじ3
A	酢（あれば白ワインビネガー）	大さじ2
A	塩	小さじ⅓
A	こしょう	少々

作り方

1 玉ねぎは5～10秒ゆでてすぐに冷水にとり、水けをしっかり絞る。
2 ハムは8等分の放射状に切る。
3 ボウルにAを混ぜ合わせ、1、2を加えてあえる。つめるときは汁けをきる。

アレンジしても
ミックスビーンズを加えてボリュームアップ。

たんぱく質 2.9g
72kcal
糖質0.5g
1/4量分

ごぼうは歯ごたえが残る程度にゆでて

ごぼうとコンビーフのサラダ

冷蔵2日　冷凍NG　そのままつめる

材料（4～6回分）

	ごぼう	1本（約150g）
	コンビーフ（低脂肪タイプ）	40g
A	マヨネーズ	大さじ2
A	塩・こしょう	各少々

作り方

1 ごぼうは皮をこそげてせん切りにし、水にさらす。熱湯で4～5分ゆで、ざるに上げて粗熱が取れたら水けを軽く絞る。
2 コンビーフはほぐしてボウルに入れ、1、Aを加えてあえる。

アレンジしても
パセリのみじん切り大さじ1を混ぜると風味がグンとアップ。

ソーセージも入って満足感ある１品に！

ポテトサラダ

冷蔵2日　冷凍NG　そのままつめる

たんぱく質 2.8g
120kcal
糖質11.5g
1/4量分

材料（4〜6回分）

- じゃがいも……2個
- 玉ねぎ(薄切り)……1/6個分(30g)
- ソーセージ……2本
- A
  - マヨネーズ……大さじ2
  - 粒マスタード……小さじ2
  - 塩・こしょう……各少々

アレンジしても

粒マスタードの代わりにカレー粉小さじ1/2〜1を加えてスパイシー仕上げに。

作り方

1 じゃがいもは皮をむき、４等分に切って水にさらす。水から10〜12分ゆで、やわらかくなったら熱いうちにつぶす。

2 玉ねぎは30秒ゆでて冷水にさらし、水けを絞る。同じ湯でソーセージを２〜３分ゆで、斜め薄切りにする。

3 ボウルにAを混ぜ合わせ、1、2を加えてあえる。

加熱するとホクホクの食感に

長いものベーコン巻き

冷蔵2~3日　冷凍NG　レンジで温める

たんぱく質 3.0g
96kcal
糖質4.4g
2個分

材料（10個分）

- 長いも……10cm(約170g)
- ベーコン……5枚
- しょうゆ・オリーブ油……各小さじ1

アレンジしても

ベーコンを豚バラ薄切り肉3〜4枚にしてもおいしい。

作り方

1 長いもは長さを半分に切ってから皮をむき、縦の棒状に切る。

2 ベーコンは長さを半分に切り、1に巻きつけてつま楊枝で留める。10個作る。

3 フライパンにオリーブ油を中火で熱し、2を入れて両面に焼き色をつける。ふたをして弱火で３〜４分焼き、しょうゆを加えてさっとからめる。

きのこ

うまみたっぷりで、腸活に役立つ食物繊維も豊富。

たんぱく質 3.2g
35kcal
糖質 0.4g
1/4量分

香ばしく焼いてからあえます

焼きしいたけとかにかまのごまあえ

冷蔵2〜3日　冷凍NG　そのままつめる

材料（4〜6回分）

しいたけ（軸を取る）……16枚分（170g）
かに風味かまぼこ（半分に切ってほぐす）……4本分
A　白すりごま……大さじ1と½
　　しょうゆ……小さじ2

作り方

1 しいたけはトースターで5分ほど焼く。余分な水けをペーパータオルで押さえ、8㎜厚さに切る。
2 ボウルにAを混ぜ合わせ、1、かにかまを加えてあえる。

アレンジしても

かに風味かまぼこの代わりに、かまぼこ薄切り3枚を細切りにして加えてもOK。

たんぱく質 3.6g
39kcal
糖質 0.3g
2個分

ツナとねぎをのせて焼くだけ。簡単です

しいたけのねぎツナマヨ焼き

冷蔵2〜3日　冷凍NG　レンジで温める

材料（8個分）

しいたけ（軸を取る）…8枚分（80g）
長ねぎ（みじん切り）…大さじ1と½
ツナ水煮缶（汁けをきる）……小1缶（70g）
マヨネーズ……大さじ1
※ツナはP.110の自家製ツナ風でもOK。

作り方

1 しいたけはくっつかないタイプのアルミホイルに並べ、ツナ、長ねぎを等分にのせてマヨネーズを絞る。
2 オーブントースターで5分ほど焼いて火を通す。

アレンジしても

ツナを半量にし、代わりに蒸し大豆を刻んで混ぜると、食感アップ。

好みのきのこに替えてもOK

ミックスきのこのハーブチーズあえ

冷蔵2~3日　冷凍1週間　レンジで温める

材料　(4~6回分)

マッシュルーム……10個(80g)
しめじ……大1パック(150g)
まいたけ……大1パック(150g)
A
- 粉チーズ……大さじ2
- ドライハーブ(好みのもの)……小さじ½
- 塩・粗びき黒こしょう……各少々

オリーブ油……大さじ½

アレンジしても

ドライハーブを青じそのせん切り2枚分にすると和風に。

作り方

1 マッシュルームは石づきの汚れている部分を除き、5㎜厚さに切る。しめじは石づきを取り、まいたけとともにほぐす。

2 フライパンにオリーブ油を中火で熱し、1を焼き色がつくまで5～6分炒める。途中水けが出たら、ペーパータオルで拭き取る。

2 Aを加えてさっと混ぜる。

レンチンでチャチャッと作れます

しめじと厚揚げの梅おかかあえ

冷蔵2~3日　冷凍NG　レンジで温める

材料　(4~6回分)

しめじ(石づきを取ってほぐす)……2パック分(200g)
厚揚げ(1㎝厚さ×2㎝角に切る)……80g
A
- 梅干し(塩分10%・種を取ってたたく)……1～2個分
- かつお節……3g
- しょうゆ……小さじ1
- 砂糖……小さじ½

アレンジしても

Aの梅干しは、塩昆布ふたつまみを粗く刻んだものに替えてもおいしい。

作り方

1 しめじ、厚揚げは耐熱皿に並べてふんわりとラップをかけ、電子レンジで2分30秒～3分加熱して火を通す。ペーパータオルにのせて水けをきる。

2 ボウルにAを混ぜ合わせ、1を加えてあえる。

たんぱく質
3.8g
45kcal
糖質1.3g
1/4量分

歯ごたえのあるエリンギの食感を楽しめます

きのこと焼き豚のオイスターソース炒め

冷蔵2~3日　冷凍2週間　レンジで温める

材料 (4~6回分)

エリンギ……2本(70g)
しめじ(石づきを取ってほぐす)……80g
焼き豚薄切り(2cm四方に切る)……3枚分
A
オイスターソース……大さじ1
鶏ガラスープの素……小さじ1/3
塩・こしょう……各少々
ごま油……小さじ1

※焼き豚はP.64の煮豚でもOK。

作り方

1 エリンギは長さを半分に切り、太ければ太さも半分にする。縦5mm厚さの短冊切りにする。
2 フライパンにごま油を中火で熱し、1、しめじ、焼き豚を4~5分炒める。きのこに焼き色がついたらAを加えて炒め合わせる。

アレンジしても

Aをしょうゆ小さじ2~3、みりん大さじ1/2、和風顆粒だしの素小さじ1/3にして和風味に。

たんぱく質
2.9g
86kcal
糖質0.7g
2個分

食物繊維たっぷりのミニおかず

えのきのしそ&ベーコン巻き

冷蔵2日　冷凍NG　レンジで温める

材料 (8個分)

えのきだけ(根元を切って長さ半分に切る)……2袋(120~150g)
青じそ……8枚
ベーコン(半分に切る)……4枚分
塩……少々
オリーブ油……小さじ1

アレンジしても

フライパンで焼く代わりに、マヨネーズ適量をかけてトースターで5~8分焼いてもおいしい。

作り方

1 ベーコン1切れに青じそ1枚、えのきだけ1/8量をのせて巻き、巻き終わりをつま楊枝で縦に留める。残りも同様に作る。
2 フライパンにオリーブ油を中火で熱し、1の巻き終わりを下にして並べ、ふたをして2~3分焼く。上下を返して同様に2~3分焼いて火を通し、塩をふる。

相性のいいベーコンとさっと炒めるだけ

マッシュルームと ベーコンのソテー

冷蔵2~3日　冷凍2週間　レンジで温める

材料（4~6回分）

マッシュルーム……12個(100g)
ベーコン……2枚
塩・こしょう……各少々
オリーブ油……小さじ1

アレンジしても

塩をアンチョビペースト小さじ1/2~1に替えて炒めると、コクがアップ。

作り方

1 マッシュルームは石づきの汚れている部分を除き、半分に切る。ベーコンは1cm幅に切る。
2 フライパンにオリーブ油を中火で熱し、1を焼き色がつくまで4~5分炒めて火を通し、塩、こしょうで味をととのえる。

シャキシャキした歯ごたえが最高！

えのきのたらこ炒め

冷蔵2日　冷凍NG　レンジで温める

材料（4~6回分）

えのきだけ……2袋(150g)
たらこ……40g
しょうゆ・サラダ油……各小さじ1

アレンジしても

にんじんのせん切りやさやいんげんの薄切りを加えると彩りもきれい。

作り方

1 えのきだけは石づきを除いてほぐす。たらこは薄皮を取り、身をほぐす。
2 フライパンにサラダ油を中火で熱し、1のえのきだけを炒める。しんなりして火が通ったら、たらこ、しょうゆを加えてさっと炒め合わせる。

切り干し大根

大根は干すことでうまみと甘みがグンとアップ。

玉ねぎのすりおろしを加えるのがポイント

切り干し大根とハムのサラダ

冷蔵2日　冷凍NG　そのままつめる

材料（4～6回分）

切り干し大根		30g
ハム		2枚
玉ねぎ(すりおろし)		大さじ2
A	サラダ油	大さじ1
	酢	大さじ⅔
	砂糖	小さじ½
	塩・こしょう	各少々

アレンジしても

Aの調味料を市販のドレッシング(和風や中華)にすると、より手軽。

作り方

1 切り干し大根は水に15分つけてもどす。さっとゆでて冷水にとり、水けをよく絞って食べやすい長さに切る。ハムは半分に切って細切りにする。

2 玉ねぎは耐熱容器に入れ、ラップをかけずに電子レンジで30秒加熱する。Aを加えて混ぜ、1を加えてあえる。

卵焼きの具材にしてもOK

切り干し大根の煮もの

冷蔵 2～3日　冷凍2週間　レンジで温める

材料（6回分）

切り干し大根		30g
にんじん		⅙本
油揚げ		⅓枚
A	だし汁	1と⅓カップ
	しょうゆ	大さじ1と½
	みりん	大さじ1
	砂糖	小さじ1
サラダ油		小さじ1

アレンジしても

油揚げの代わりに、ちくわ1/2本を5mm幅の輪切りにしたものでもOK。

作り方

1 切り干し大根は水に15分つけてもどし、水けを絞って食べやすい長さに切る。にんじん、油揚げは2cm長さのせん切りにする。

2 鍋にサラダ油を中火で熱し、1を2分炒める。全体に油がまわったらAを加え、煮立ったらふたをして弱火にし、切り干し大根がやわらかくなるまで15分ほど煮含める。

こんにゃく・しらたき

低カロリー、低糖質のダイエット食材。

やさしい和風味にホッとする！

こんにゃくと鶏肉の煮もの

冷蔵2～3日　冷凍NG　レンジで温める

材料（4～6回分）

こんにゃく（アク抜き済み）……1枚（200g）
鶏もも肉……½枚（130g）
A
- だし汁……½カップ
- しょうゆ・みりん・酒……各大さじ1
- 砂糖……小さじ1

ごま油……小さじ1

アレンジしても

こんにゃくを150gに減らし、にんじんの乱切り1/2本分を加えると彩りアップ。

作り方

1 こんにゃくはスプーンなどでひと口サイズにちぎる。鶏肉は皮と脂を取り、２～３㎝角に切る。

2 鍋にごま油を中火で熱し、1を１～２分炒め、Aを加える。煮立ったら弱火にしてふたをし、10分ほど煮る。煮汁が多ければふたを取って軽く煮つめる。

腹もちのいい低カロおかず

しらたきとたらこのいり煮

冷蔵2～3日　冷凍NG　レンジで温める

材料（4～6回分）

結びしらたき（水けをきる）……250g
たらこ（薄皮から出す）……25g
しょうゆ……小さじ½

アレンジしても

ゆでたさやいんげん３～４本を斜め薄切りにし、炒めるときに加えてもOK。

作り方

1 鍋にしらたきを入れて３～４分炒めてからいりし、水けをとばす。

2 たらこを加えて１～２分炒め合わせ、しょうゆを加えてひと混ぜし、火を止める。

ミネラルが豊富。美肌、ダイエットに効果的。

たんぱく質 1.4g
26kcal
糖質1.0g
1/4量分

わかめの塩けにより味を調整して

わかめと油揚げの煮もの

冷蔵2～3日　冷凍NG　レンジで温める

材料（4～6回分）

- 乾燥わかめ……12g
- 油揚げ（幅半分にして1cm幅に切る）……½枚分
- A
  - だし汁……¾カップ
  - しょうゆ……小さじ2
  - みりん……大さじ½
  - 砂糖……小さじ1
  - おろししょうが……小さじ⅓
- ごま油……小さじ⅓

作り方

1 わかめは表示時間どおり水でもどし、水けをしっかり絞る。
2 鍋にごま油を中火で熱し、1、油揚げを1分ほど炒める。Aを加えてひと煮立ちさせ、ときどき混ぜながら3分ほど煮る。

アレンジしても

Aに赤唐辛子の輪切りひとつまみを加えると、ピリ辛味に。

たんぱく質 1.8g
43kcal
糖質0.7g
1/4量分

最後のひと口までさっぱり食べられます

海藻とじゃこのサラダ

冷蔵2日　冷凍NG　そのままつめる

材料（4～6回分）

- 乾燥海藻ミックス……10g
- ちりめんじゃこ……10g
- コーン缶……15g
- A
  - サラダ油……大さじ1
  - しょうゆ……大さじ1弱
  - 酢……大さじ½
  - おろししょうが……小さじ½

作り方

1 海藻ミックスは水に10分つけてもどし、水けをよく絞る。コーン缶は缶汁をきる。
2 ボウルにAを混ぜ合わせ、1、ちりめんじゃこを加えてあえる。

アレンジしても

コーンの代わりにミックスビーンズにしてもOK。

ソーセージは炒めてもOK

ひじきとソーセージの豆サラダ

冷蔵2日　冷凍NG　そのままつめる

材料 （4〜6回分）

	乾燥芽ひじき	8g
	ソーセージ	2本
	ミックスビーンズ	100g
A	オリーブ油	大さじ1
A	酢	大さじ½
A	塩・こしょう	各少々

アレンジしても

Aの塩をしょうゆ小さじ1/2〜1にすると、和風味に。

作り方

1 ひじきは水に30分つけてもどし、水けをきる。沸騰した湯で2分ほどゆでてざるに上げ、冷水にとって水けをしっかりきる。

2 ソーセージは1の湯で2分ほどゆで、8㎜幅に切る。

3 ボウルにAを混ぜ合わせ、1、2、ミックスビーンズを加えてあえる。

ごまの風味がふんわり香ります

ひじきといんげん、焼き豚のごまマヨあえ

冷蔵2日　冷凍NG　そのままつめる

材料 （4〜6回分）

	乾燥芽ひじき	8g
	さやいんげん	4本
	焼き豚薄切り	3枚(50g)
	かつお節	1〜2g
A	マヨネーズ	大さじ1と½
A	白すりごま	小さじ1
A	しょうゆ	小さじ½

※焼き豚はP.64の煮豚でもOK。

アレンジしても

せん切りにしたにんじん1/4本分を加えると、彩りもきれい。

作り方

1 ひじきは水に30分つけてもどし、水けをきる。

2 さやいんげんは沸騰した湯で5分ほどゆで、斜めに切る。同じ湯で1を2分ほどゆでてざるに上げ、冷水にとって水けをしっかりきる。

3 焼き豚は8㎜幅の細切りにしてボウルに入れ、2、Aを加えてあえる。かつお節を加えて混ぜる。

お弁当向きの食材をピックアップ

知っておきたい食材のたんぱく質量

食材に含まれるたんぱく質量を知っておくと、効率よく摂取できます。
この本のレシピで使う食材からおもなものをピックアップしてみました。

※数字は各食材100g中に含まれるたんぱく質量。
( )内は食材の目安の重量です。

肉

たんぱく質を豊富に含む代表的な食材。
種類や部位によって、脂質の量は変わります。

鶏肉

たんぱく質が豊富な鶏肉の中でも、むね肉、ささみは脂質が少なく低カロリー。

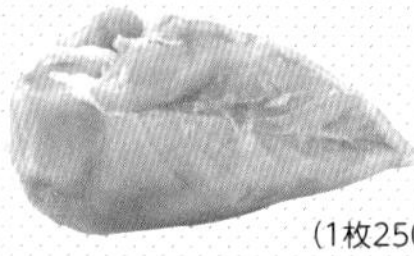

(1枚250g)

鶏むね肉
皮なし23.3g 皮あり21.3g

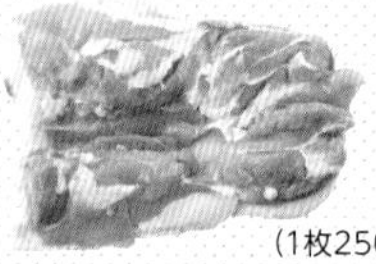

(1枚250g)

鶏もも肉(1枚250g)
皮なし19.0g 皮あり16.6g

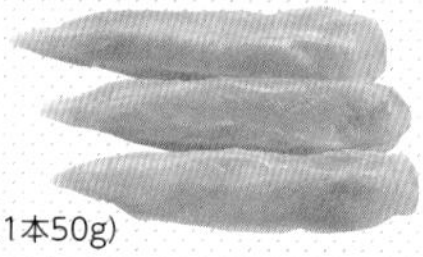

(1本50g)

鶏ささみ 23.9g

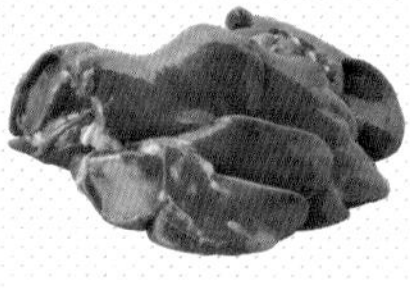

鶏レバー 18.9g

豚肉

ヒレ肉、もも肉など、赤身が多く脂身が少ない部位はたんぱく質が豊富。

豚こま切れ肉 18.5g

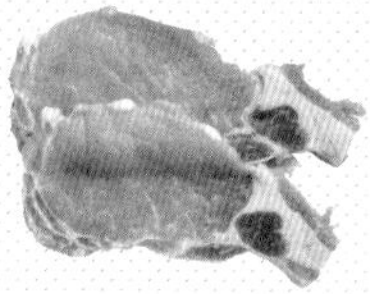

豚ロース薄切り肉 19.3g

豚ヒレ肉 22.2g

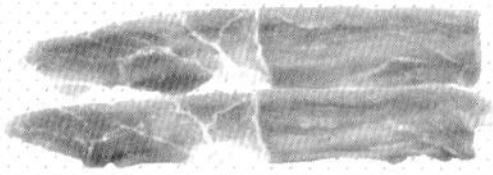

豚もも肉 20.5g

牛肉

赤身が多いほどたんぱく質が豊富。
他の肉より脂質は多め。

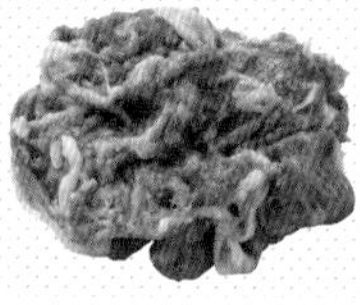

牛こま切れ肉 17.1g

牛ロース薄切り肉 14.1g

ひき肉

主菜にも副菜にも使いやすいので、お弁当向きです。

鶏ひき肉 17.5g

豚ひき肉 17.7g

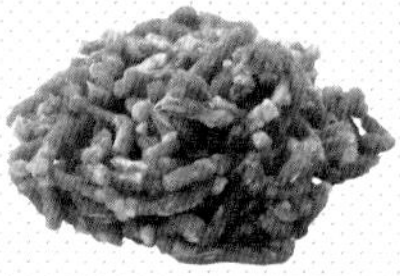

合いびき肉 17.3g

加工肉

常備しておくと、たんぱく質のちょい足しにも重宝します。

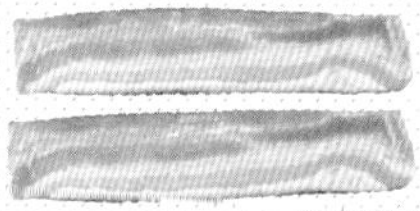

(1枚17g)

ベーコン 12.9g

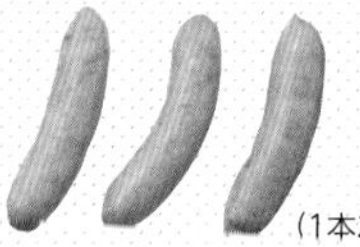

(1本20g)

ソーセージ 11.5g

魚介

たんぱく質が豊富なうえに、質の良い脂もとれるので、
積極的に活用しましょう。

(1切れ100g)
鮭 22.3g

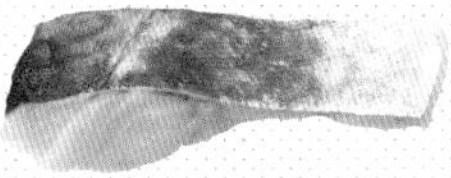
(1切れ100g)
たら 17.6g

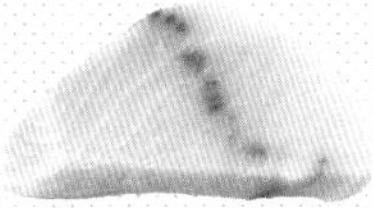
(1切れ100g)
めかじき 19.2g

(半身1枚120g)
さば 20.6g

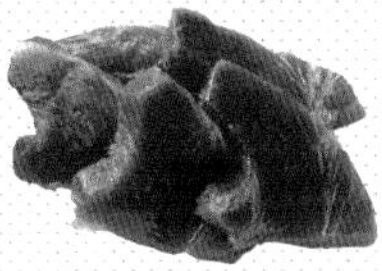
かつお 25.8g

まぐろ(赤身) 25.4g

(1本20g)
えび 19.6g

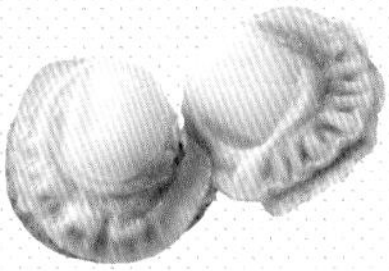
帆立 13.5g

(1本75g)
魚肉ソーセージ 11.5g

さつま揚げ 12.5g

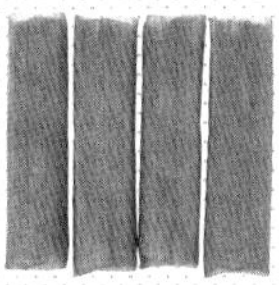
(1本10g)
かに風味かまぼこ 12.1g

シーフードミックス 13.3g

卵・大豆製品

卵は手軽にたんぱく質がとれて、
お弁当の彩りにも欠かせません。
大豆製品は加工品も多く、副菜にもぴったり。

(1個55g)
卵 12.3g

厚揚げ 10.7g

(乾・1枚17g)
高野豆腐 50.5g

蒸し大豆 16.6g

その他

チーズなどの乳製品のほか、野菜にもたんぱく質が
含まれるものもあるので、活用してみて。

カッテージチーズ 13.3g

(1枚18g)
スライスチーズ 22.7g

(1袋200g)
大豆もやし 3.7g

(1パック130g)
豆苗 3.8g

巻末付録2

素材別インデックス

この本のレシピで使用した材料のうち、おもなものをピックアップ。
使いたい素材からおかずを探すときなどにお役立てください。

※★は作りおきおかずのアレンジです。

肉

牛肉

鶏肉

豚肉

ひき肉

肉加工品

コンビーフ

サラダチキン

ソーセージ

ハム

著者 **阪下千恵**（さかした ちえ）

料理研究家・栄養士。外食大手企業などを経て独立。現在は書籍、雑誌、企業促進用のレシピ開発など幅広いフィールドで活躍中。食べる人はもちろん、作る人にとっても手軽でやさしい味わいのレシピが好評。『朝つめるだけ！ 作りおきのやせる！お弁当389』（新星出版社）、『野菜もりもり スープこそ最高のごちそう：朝・昼・晩 カラダ喜ぶ100レシピ』（主婦と生活社）など著書多数。
ホームページ　https://chie-sakashita.com

監修 **藤田聡**（ふじた さとし）

立命館大学スポーツ健康科学部教授。1993年ファイファー大学スポーツ医学・マネジメント学部卒業。2002年南カリフォルニア大学大学院博士課程修了（運動生理学）。2006年にテキサス大学医学部内科講師、2007年に東京大学大学院新領域創成科学研究科特任助教を経て、2009年に立命館大学に着任。運動生理学が専門。2021年に長年の研究に基づき、健康をサポートする（株）OnMotionを設立。『しっかり食べてきれいになる たんぱく質の作りおき＆ラク早おかず320』（新星出版社）、『眠れなくなるほど面白い 図解 たんぱく質の話』（日本文芸社）など著書多数。

staff

撮影…尾田学
デザイン…門松清香（杉山デザイン）
調理アシスタント…宮田澄香　岩間明子
吉野清美　大櫛千文
松藤亜佑子
栄養価計算…広田千尋　岩見真由美
藤倉詩織　宮﨑奈津季
編集・取材…坂本典子、佐藤由香、
堀井明日香（シェルト＊ゴ）
校正…滝田恵（シェルト＊ゴ）

朝つめるだけ！たんぱく質のお弁当378
2023年２月25日　初版発行

著　者　阪下千恵
監修者　藤田　聡
発行者　富永靖弘
印刷所　公和印刷株式会社

発行所　東京都台東区 台東２丁目24　株式会社　新星出版社
〒110-0016　☎03（3831）0743

ISBN978-4-405-09439-0